TEOLOGÍA CON ROSTRO DE NIÑEZ

TEOLOGÍA CON ROSTRO DE NIÑEZ

Harold Segura

editorial clie

EDITORIAL CLIE
C/ Ferrocarril, 8
08232 VILADECAVALLS
(Barcelona) ESPAÑA
E-mail: clie@clie.es
http://www.clie.es

TEOLOGÍA CON ROSTRO DE NIÑEZ
ISBN: 978-84-8267-969-3
Déposito legal: B.20826-2015
Teología Cristiana
General
Referencia: 224943

Impreso en USA / *Printed in USA*

HAROLD SEGURA es Director de Relaciones Eclesiásticas e Identidad Cristiana de *World Vision* para América Latina y El Caribe, desde el año 2000. Nació en Cali, Colombia y reside en San José, Costa Rica. Está casado con Marilú Navarro y es padre de Laura J. y Juan Miguel.

Pastor evangélico bautista, teólogo y administrador de empresas. Miembro de la Fraternidad Teológica Latinoamericana (FTL) y de la Junta Internacional del Movimiento Juntos con la Niñez y la Juventud (MJNJ). Desde el 2013, forma parte del Consejo Coordinador del «Proyecto Centralidad de la Niñez», del Consejo Episcopal Latinoamericano (CELAM), *Pastoral da Crianca* y *World Vision*.

Fue rector del Seminario Teológico Bautista Internacional (1995-2000), hoy Fundación Universitaria Bautista, y pastor de la Iglesia Bautista de San Fernando, en Cali, Colombia (1980-1995). Colabora como escritor de varias revistas internacionales y es autor de varios libros.

Para Juan Miguel, mi hijo y maestro.
Hijo con quien he recordado el niño que fui
y maestro que me inspira a recobrar
el niño que quisiera seguir siendo.

ÍNDICE GENERAL

PRÓLOGO

Una teología «patas arriba»

De la «teología en pañales» a la teología del niño juguetón, preguntón, cuestionador, libre, sincero y creador. Esta es la propuesta de Harold, quien, desde mi punto de vista, es el representante eximio de la teología evangélica entre los de su generación. El ensayo principal de este material, *Teología con rostro de niñez*, es lo que yo, y de seguro otras personas que suelen leer y seguir el pensamiento de Harold, habíamos estado esperando en relación con el quehacer bíblico teológico desde la niñez. Su pensamiento manifiesta un extenso y sólido manejo de las ideas y escritos que han alimentado la teología latinoamericana, esa que ha deambulado entre nosotros desde la década de los 60 del siglo pasado y que ahora se enriquece mucho más con este corto, pero magnífico aporte de nuestro querido amigo, hermano y colega.

Tomándonos de la mano, Harold nos invita a peregrinar con la teología latinoamericana para descubrir con él sus raíces, su propuesta, su desarrollo, sus logros y sus enseñanzas. Con una excelente capacidad de síntesis, nos ofrece los pasos a seguir en el quehacer teológico y nos invita a asumir la tarea propia del hacer teología desde la niñez. El ensayo es digno de leer y releer, de tomar notas, de hacer preguntas y de aceptar el desafío para unirse a él y otros más en delinear, desde América Latina, que es un continente niño y joven, una teología que ponga «patas arriba» la pastoral, la educación, la liturgia, la evangelización, la misión de la Iglesia y la teología misma.

De ahí que resulta una decisión feliz, acompañar el ensayo con dos tipos de escritos más cortos: los que aportan modelos de hacer teología, más cinco guías bíblicas para el estudio bíblico en grupos. En todos ellos, pero de manera principal en las guías, Harold nos invita a «meter las manos en la masa» y hacer teología desde la realidad de la niñez latinoamericana, la que está dentro y fuera del ámbito eclesial.

Edesio Sánchez Cetina
Buenos Aires, 15 de julio de 2014

PARTE TEOLÓGICA

Teología y niñez

TEOLOGÍA CON ROSTRO DE NIÑEZ

Apuntes para una teología de la niñez en perspectiva latinoamericana

Harold Segura

> «Tocar al niño es tocar el punto más delicado y vital,
> donde todo puede decidirse y renovarse,
> donde todo está lleno de vida, donde se hallan
> encerrados los secretos del alma».
>
> (María Montessori)

La *teología de la niñez* es un campo de reciente interés para la teología. Aún son pocos los teólogos y teólogas que se interesan por ella; menos aún si nos referimos a los teólogos académicos cuyo espacio de trabajo son los recintos universitarios o los seminarios teológicos. Parecería ser un tema «poco serio» (¿infantil?) para ser tratado en las torres de marfil. Recuerdo una experiencia personal: en septiembre de 2002 fui invitado para hablar en un congreso internacional del *Movimiento Juntos con la Niñez y la Juventud* acerca del mismo tema que me propongo desarrollar ahora. Durante la preparación de la conferencia, fueron muchos mis apuros al buscar una bibliografía que no existía, entresacando lecciones de un tema que es escaso; se encuentran abundantes recursos con el enfoque educativo y pastoral, pero pocos, muy pocos, con el teológico. Se me ocurrió, entonces, decir en la conclusión algo que quiero repetir ahora como introducción: que la teología de la niñez es «una teología en pañales».

Existen razones que explican esta ausencia. La disciplina teológica pasó muchos siglos concentrada en los llamados temas mayores de la dogmática de la fe sin atender con el mismo interés las problemáticas concretas de los seres humanos. Las doctrinas y los dogmas ocuparon la atención de los estudiosos de la teología, sin dejarse distraer por las situaciones que vivían las personas cada día. Los grandes tratados teológicos se produjeron en las mismas épocas en que sucedieron los peores acontecimientos de la historia, sin que aquellos hicieran referencia a estos, salvo raras excepciones. La naturaleza de Dios, el misterio de la Trinidad, la persona de Cristo, las nociones acerca de la salvación y las intuiciones escatológicas fueron los temas que captaron la atención de los grandes maestros de la teología. Era, entonces, una ciencia que reflexionaba acerca de Dios y de la trascendencia siguiendo los referentes internos de la fe, sin mayores alusiones al contexto social y regida por el instrumental filosófico heredado de los griegos.

Al respecto explica Stephen B. Bevans:

El pensamiento clásico concebía la teología como una especie de ciencia objetiva de la fe. La teología era entendida como una reflexión de fe de los dos *loci theologici* (lugares teológicos): la Escritura y la Tradición, el contenido de las cuales no podía ser cambiado y debería permanecer siempre por encima de cualquier cultura, como expresión histórica condicionada[1].

El giro antropológico de Rahner

Todo esto ocurrió hasta que el genio de Karl Rahner apareció en escena y, junto a otros pensadores teológicos de la primera mitad del siglo XX, introdujo el llamado *giro antropológico* y el *método antropológico trascendental* en la teología. Con él comienza una parte de la historia de nuestro tema. Esta afirmación merece tener una ampliación y a ella se dedican los párrafos siguientes.

El maestro de Friburgo (1924-1984) estaba convencido de que la razón de ser de la teología no era sistematizar los conocimientos de la fe para que los hombres y mujeres estuvieran obligados a creerlos. Por el contrario, pensaba que la teología debía estar al servicio de los seres humanos, tratando sus asuntos diarios, respondiendo a sus preocupaciones más sentidas y, así, acercándolos al misterio divino a partir de realidades concretas. Se interesó por elaborar una teología que tuviera como punto de partida el ser humano, visto éste a la luz de la revelación de Dios. El padre Gustavo Baena, en su iluminador estudio del método de Rahner, dice que

El punto de partida del método antropológico trascendental de Rahner es definitivamente el hombre mismo, pero no propiamente una comprensión, tal como se podría decir de la concepción del ser bajo el signo del logos de la filosofía

---

[1] Stephen B. Bevans, *Modelos de teología contextual* (edición revisada y aumentada), Revista Spiritus (Quito 2004) 22 (Abya Yala-Grupo Editorial Verbo Divino).

tradicional de Occidente, de Platón a Hegel, sino a partir de la autocomprensión del hombre en su situación presente y concreta[2].

Este giro antropológico condujo a la consideración del ser humano como el hilo conductor del saber teológico. Todo enunciado teológico tenía que acreditarse como significativo por su valencia (salvífica) antropológica. Se introdujo un cambio de paradigma en la teología y, de manera particular, en la forma de elaborarla (su metodología). En lugar de partir desde arriba, de Dios, para encontrar respuestas preelaboradas para las necesidades humanas, se planteó un camino diferente: partir del ser humano concreto, de sus preguntas y sus angustias y, desde ellas, ascender hasta Dios buscando respuestas que dieran sentido a la existencia. La primera vía conduce a una teología descendente (de arriba abajo), la segunda, a una teología ascendente (de abajo arriba). Para Rahner, la vida cotidiana contiene destellos fulgurantes del Espíritu; por eso, partir de lo humano es partir también del Dios que se hace presente «aquí en nuestra tierra como en el cielo». Decía él que había que pasar revista a «las experiencias concretas de vida» porque, lo sepamos o no, ellas «son experiencias del Espíritu, siempre y cuando nos enfrentemos a ellas de forma adecuada...»[3].

Ésta no es una nueva teología, pero sí es un nuevo modo de hacer teología. Baena lo expresa diciendo que,

El método antropológico trascendental de Rahner no es propiamente una nueva teología, ni propone directamente determinados contenidos. Es sencillamente un modo de proceder dentro de la teología como ciencia. Siempre su objetivo es

---

[2] Gustavo Baena B., *El método antropológico trascendental*, en Gustavo Baena, Darío Martínez y otros, *Los métodos en teología*, Pontificia Universidad Javeriana, Bogotá 2007, p. 63.

[3] Karl Ranher, citado por Gustavo Baena B., *Ibid.*, 66.

llegar a la audición de la revelación de la voluntad de Dios, no sólo al interior de la revelación normativa y oficial, sino en toda situación de la existencia humana […] En otras palabras, se trata de hacer de una determinada situación humana un lugar teológico, esto es, un lugar donde –según criterios de la revelación oficial– Dios está manifestando su voluntad…[4].

Jon Sobrino, teólogo catalán-salvadoreño, al evaluar la influencia de Rahner en su peregrinar teológico personal y en la teología latinoamericana, afirma que uno de sus aportes fue, lo que el mismo Sobrino llama, el *primado de la realidad*; lo comenta con estas palabras:

De la teología de Rahner me impresionó que, aunque conocía bien cómo teologías y filosofías conceptualizaban la realidad, *en lo fundamental era la realidad misma* la que le movía a pensar y a conceptualizar después de lo pensado… Rahner fue eximio en ello. En medio de hondas especulaciones, tenía la virtud de comunicar el sabor a realidad. No sé si exagero, pero a él se le puede aplicar lo que escribió en su conocido artículo sobre la teología del símbolo: «La realidad quiere tomar la palabra»[5].

Giro antropológico y su aplicación en América Latina

Y fue este «sabor a realidad» el que encontró eco entre los pioneros de la teología latinoamericana de la liberación, quienes acogieron a Rahner como uno de sus interlocutores y maestros. Rahner influyó, por citar algunos, en Gustavo Gutiérrez, en Juan Luis Segundo, en Hugo Asmann y, con mayor

---

[4] *Ibid.*, 78-79.
[5] Jon Sobrino, *Reflexiones sobre Karl Rahner desde América Latina*, en Cardenal Karl Lehmann y otros, *Karl Rahner, La actualidad de su pensamiento*, Herder, Barcelona 2004, p. 95.

razón, en Ignacio Ellacuría y Jon Sobrino, quienes estudiaron en sus clases en Innsbruck, y en Leonardo Boff quien estudió con él en Múnich. Aunque para el maestro su principal preocupación era la Europa marcada por la Ilustración y por las ciencias modernas, eso no impidió que se produjera una unidad de fondo entre él y sus discípulos hispanohablantes. Pero digamos algo más acerca de la novedad de su método y la cercanía que este tiene con el método teológico latinoamericano. El profesor español Ángel Cordovilla Pérez describe el método rahneriano en tres momentos fundamentales, a saber: primero, «la mirada a la realidad que se nos da y se nos ofrece (*Wircklichkeitsmoment*)»; segundo, «el intento de comprensión de esa realidad en su lógica y su sentido último, en su logos (*Verstehensmoment*)»; y en tercer lugar, «la pregunta por las condiciones de posibilidad para que esa realidad dada o acontecimiento presupuesto pueda ocurrir y sea significativo para la vida humana (*Begründungsmoment*)»[6]. No hay que ser un avezado conocedor de los métodos teológicos para darse cuenta de la cercanía entre los tres pasos de Rahner y los tres momentos de la teología latinoamericana: *ver, juzgar y actuar*. Se parte de la realidad (ver), se procede al juicio histórico, social, bíblico y teológico (juzgar) y después se llega al compromiso práctico que transforme la realidad observada y juzgada (actuar).

El desarrollo de la teología del siglo XX recibió un impulso innovador a través de las enseñanzas de Rahner, al igual que de otros teólogos europeos como Karl Barth (teología dialéctica), Jürgen Moltmann (teología de la esperanza), Dietrich Bonhoeffer (teología de la secularización), Johann Baptis Metz (teología política) y Paul Tillich (teología de la

---

[6] Ángel Cordovilla Pérez, *Karl Rahner*, Aula de Teología, Santander 2009, p. 10, en: http://www.unican.es/NR/rdonlyres/A9A87E2D-E1A7-4118-BF52-D413C6C93C0F/79374/Rahner_19041984_.pdf

cultura) quienes incidieron y estimularon los pensamientos teológicos que por aquellas misma épocas surgían en suelo latinoamericano[7]. José Míguez Bonino, decano de los teólogos protestantes latinoamericanos del pasado siglo, refiriéndose a la teología latinoamericana, señala que recibió influencias, «de la teología católica conciliar y post-conciliar, así como de la protestante barthiana y post-barthiana, con sus énfasis comunes en el dinamismo de la acción de Dios, el carácter histórico de la fe cristiana, lo concreto de la encarnación y el futuro de la fe escatológica»[8].

Tenemos, entonces, que, entre atinadas influencias de Europa, necesarias contextualizaciones y aportes distintivos nació la teología latinoamericana de la liberación; todo lo anterior situado en un medio político, social y cultural convulsionado, que reclamaba que los seguidores de Jesús y, en particular la teología, formularan nuevas formas de pronunciar el nombre de Dios y de anunciar el evangelio de Jesús. Esta tarea la cumplieron con esmero nuestras teólogas y teólogos, algunos católicos y otros procedentes del protestantismo evangélico[9]. Recibieron aquellas influencias, mas sin copiar sus postulados, ni mucho menos repetir las enseñanzas de otras latitudes. Los teólogos latinoamericanos, como señala José David Rodríguez, «desarrollaron un tipo de reflexión que es fruto del esfuerzo por vivir y pensar la fe desde el contexto de opresión y lucha por la liberación del mundo latinoamericano. La reflexión que

---

[7] Acerca de la influencia de los teólogos europeos, cf. Gustavo Gutiérrez, *La fuerza histórica de los pobres. Selección de trabajos*, CEP, Lima ²1980, pp. 372-375.

[8] José David Rodríguez, *Introducción a la teología*, Centro Luterano de Formación Teológica José David Rodríguez-El Faro-Centro Basilea de Investigación y Apoyo, México 2002, p. 8.

[9] Estos son algunos nombres de teólogos y teólogas del protestantismo evangélico que contribuyeron al surgimiento de la nueva teología latinoamericana en la primera mitad del siglo XX: José Míguez Bonino (metodista), Ofelia Ortega (presbiteriana), Rubem Alves (presbiteriano), Orlando Costas (bautista), Elsa Tamez (presbiteriana), Jorge Pixley (bautista), Julio de Santa Ana (metodista), Richard Shaull (presbiteriano) y Sergio Arce (presbiteriano).

surge pone de relieve la historicidad, tanto de la fe como del discurso teológico. Este dato le imprime su carácter novedoso y original...»[10]. Cuando Rahner dijo: *giro antropológico*, en Latinoamérica se dijo: *opción preferencial por los pobres*[11]. Mientras que la principal preocupación de Bonhoffer era el mundo europeo que se había hecho *adulto* y que requería una *teología de la secularización*, en América Latina lo que preocupaba era el mundo colmado de injusticias y que demandaba una teología que hablara de igualdad, justicia, paz y transformación. El lenguaje teológico no necesitaba referencias metafísicas, como sí concreciones históricas; no tanto palabras de la dogmática abstracta, como palabras que hicieran visibles los rostros reales de sujetos históricos. En síntesis, menos *ortodoxia* y más *ortopraxis*.

Pobres, pero no sólo pobres: nuevos sujetos teológicos

Con esta nueva manera de hacer teología –que se condensó en especial a partir de los años 60 y se reforzó en las dos décadas siguientes– se reconocieron los nuevos sujetos comenzando por los empobrecidos. Ya no era suficiente hablar de la humanidad caída o del pueblo sufriente, así en general; a esa humanidad era necesario reconocerla con rasgos tangibles, con sus sufrimientos y limitaciones particulares, así como con sus virtudes y grandezas. La *teología latinoamericana de la liberación* habló del rostro de los pobres, pero poco

---

[10] José David Rodríguez, *op. cit.*, pp. 8-9.

[11] Las diferencias entre la teología europea y la teología latinoamericana no fueron sólo semánticas; existieron divergencias de fondo entre esas dos formas de hablar de Dios, de comprender al ser humano y de asumir el compromiso político. Cf. Juan José Tamayo, *Recepción en Europa de la teología de la liberación*, en Ignacio Ellacuría y Jon Sobrino (eds.), *Misterium liberationis. Conceptos fundamentales de la teología de la liberación*, UCA Editores, San Salvador 1993, pp. 51-77.

tiempo después se pronunciaron otros rostros: el de las mujeres, y entonces se habló de la *teología feminista de la liberación*; el de los trabajadores y trabajadoras del campo, y brotó la *teología campesina*; el de los afrolatinoamericanos, y floreció la *teología negra latinoamericana*; el rostro de las etnias originarias, y surgió la *teología india*. También surgió el interés por el medio ambiente y el cuidado de la Creación, y nació la *teología ecológica*. En los últimos años, al crecer el interés por el diálogo intercultural e interreligioso, ha surgido la *teología del pluralismo religioso*.

La lista de los nuevos sujetos y categorías teológicas es más extensa. Todas las categorizaciones surgieron en la postguerra y, en un primer momento, fueron denominadas por algunos especialistas como *teologías de genitivo*. Eran teologías que se proponían superar las abstracciones de la teología neoescolástica y que respondían desde la fe a los problemas emergentes de su contexto histórico. «Las teologías de genitivo», como bien lo expresa Rosino Gibellini, «son teologías "sectoriales" y sirven para dar movilidad y concreción al discurso teológico»[12]. En esta categoría se incluyen aquellas que se consagraron al estudio de las realidades inmanentes, como la historia, el trabajo, la cultura, la política y la revolución, por mencionar sólo algunos ejemplos. Junto a estas, surgieron también las llamadas teologías contextuales que, al igual que las otras, pretenden entender la fe cristiana en términos de un contexto particular. Como indica Bevans:

> Cuando la teología se contextualiza, empieza a valorar la cultura, la historia, las formas de pensamiento y otros aspectos por el estilo que, junto a la Escritura y la Tradición, se consideran como fuentes válidas para la expresión teológica. En otras palabras... podemos decir que cuando hablamos de

---

[12] Rosino Gibellini, *La teología del siglo XX*, Sal Terrae, Santander 1998, p. 448.

teología, lo hacemos teniendo en cuenta tres fuentes –o *loci theologici*–: Escritura, Tradición y Experiencia humana presente (o contexto)[13].

Aparecen, entonces, de esta manera y motivados por estas inquietudes los nuevos rostros a los que se hizo referencia antes: los empobrecidos, los afrolatinoamericanos, los indígenas, las mujeres, los campesinos, la Creación (la pobre Tierra, como la llamó Leonardo Boff) y los fieles de otras religiones. Estas novedades teológicas no deben ser vistas, como las califican algunos, como una simple aplicación de las teologías fundamentales; es decir, como anexos dependientes de una teología mayor –como si existieran *altas teologías* y *bajas teologías*–. No; ellas poseen un estatuto epistemológico propio, así como un método particular a partir del cual se encaran todos los demás temas de la teología. Son teologías fundamentales que se mueven «en el horizonte de la razón práctica» que «pretenden dar razón de la fe en Dios y de la esperanza en el reino de Dios»[14] en un mundo marcado por la injusticia, la discriminación y la exclusión social. Son teologías que se ocupan «de replantearse la fe cristiana en las nuevas coordenadas históricas de América Latina y de responder de manera significativa a los desafíos que la realidad latinoamericana plantea al cristianismo»[15], así opina el teólogo español Juan José Tamayo. Son todas ellas, teologías que amplían los alcances de la fe «más allá de los estrechos límites nocionales de las teologías confesionales clásicas»[16].

---

[13] Stephen B. Bevans, *op. cit.*, p. 22.

[14] Juan José Tamayo, *Otra teología es posible. Pluralismo religioso, interculturalidad y feminismo*, Herder, Barcelona 2011, p. 225.

[15] *Ibid.*, p. 194.

[16] Juan José Tamayo, *La teología de la liberación en el nuevo escenario político y religioso*, Tirant Lo Blanch, Valencia 2011, p. 162.

La niñez: «los últimos serán los primeros»

Pero detengámonos aquí para señalar que en ese amplio temario de rostros, como se habrá visto, no aparece el de la niñez. Y esto a pesar de que cumple con los patrones comunes de los otros rostros mencionados: es un colectivo humano, tiene problemáticas sociales específicas y, por su situación de vulnerabilidad, apela a la fe de la Iglesia para que esta responda procurando su atención integral. Es, tanto como los demás, lugar teológico (*locus theologicum*) y revelación positiva donde se descubre al Dios liberador, que cuida, protege y acoge con ternura. Por otra parte, la niñez, al igual que los demás rostros conllevan un discurso crítico sobre la sociedad y deconstruye un paradigma cultural; en este caso el *paradigma adultocéntrico*.

Mientras que la *teología de la liberación* introdujo la crítica hacia el paradigma de opulencia y opresión del capitalismo, la teología feminista lo hizo en contra del paradigma de la sociedad patriarcal que preconiza la superioridad de hombres sobre mujeres. Por su parte, la *teología afrolatinoamericana* (teología afro o teología negra) acentúa el reconocimiento de la alteridad y la afirmación de la diferencia como principios de una identidad humana plural, y lo hace en contra del paradigma racista. La teología indígena (o teología india), a su vez, recupera la experiencia de Dios a partir de sus tradiciones culturales milenarias y entabla una crítica al paradigma colonial y apela a la urgencia del diálogo intercultural. En el caso de la teología campesina o, como se ha llamado en algunas ocasiones, la *teología agro-eco-teológica*, es una reflexión que asume como prioridad la conquista y la defensa de la tierra, así como la integración de la mentalidad del mundo campesino para la práctica de una espiritualidad cristiana integral. Es una teología que critica el paradigma de la racionalidad occidental y propone, en su lugar, la *razón cordial*, la del corazón, la que siente apego por la tierra fértil que habla a su vez de la vitalidad de Dios[17].

Como se ve, cada una de estas nuevas opciones teológicas asume una práctica, propone una espiritualidad, sugiere una nueva manera de hacer teología y critica un paradigma cultural, social o político. Eso exactamente se cumple para la teología de la niñez[18]: encarna una práctica (de compromiso con la niñez), propone una espiritualidad (la de ser como niños para entrar en reino de los cielos, según Mateo 18:3), deconstruye una imagen tradicional de Dios (se considera su vulnerabilidad) y critica un paradigma cultural, el adultocéntrico. También tiene, si quisiéramos, su propio método teológico, que consiste en hablar de Dios a partir de la pequeñez y de la debilidad; pero de esto se dirá algo más adelante. Por ahora, sólo vale destacar que la teología de la niñez es también una franca crítica al *adultocentrismo* de nuestra cultura; paradigma que caracteriza el quehacer teológico tradicional.

El adultocentrismo, en pocas palabras, hace referencia a una categoría moderna que designa una relación asimétrica de poder entre los adultos y los niños, niñas, adolescentes y jóvenes. Es una manera de ver el mundo, de relacionarse y de construir relaciones basadas en un universo simbólico y un orden de valores propios de la concepción patriarcal. En este orden, los criterios biológicos subordinan o excluyen a los niños y los

---

[17] De estas diferentes perspectivas teológicas, quizá sea la teología feminista la que haga un mayor aporte a la teología de la niñez al cuestionar los modelos patriarcales, las cosmovisiones conservadoras de la familia y su crítica a la falta de políticas públicas inclusivas, entre otros aportes significativos.

[18] Aunque la niñez comparte presupuestos comunes con los otros nuevos rostros teológicos, se debe también reconocer que la niñez no es una alteridad, como sí se puede decir de las mujeres, los varones, los afrolatinoamericanos, los pueblos originarios y otros. La niñez existe o no en cada persona, por eso vale la pregunta: ¿cuánto de niñez queda de cada persona y qué se aprende de esa niñez que llevamos dentro?

jóvenes por su edad[19]. Esta manera de ver el mundo se traduce en prácticas sociales que presentan a los adultos como un modelo acabado y a los niños y jóvenes como personas que están en una especie de «sala de espera», hasta llegar a ser adultos para cumplir, entonces, con las tareas sociales y la productividad. Esta visión afecta a la perspectiva de la sociedad para establecer programas y políticas con enfoques de protección, protagonismo y desarrollo integral de los jóvenes. El adultocentrismo se traduce en interacciones autoritarias de parte de los adultos, que presentan posturas rígidas y escasos recursos psicosociales para relacionarse con los más jóvenes, y ni qué hablar de los efectos de la matriz adultocéntrica para los modelos educativos, la vida familiar, la organización social y la espiritualidad cristiana. Klaudio Duarte Quapper, sociólogo chileno, señala que,

...nos hallamos en presencia de una sociedad articulada desde una perspectiva adultocéntrica. Esto es, se sitúa como potente y valioso todo aquello que permita mantener la situación de privilegio que el mundo adulto vive, respecto de los demás grupos sociales, los cuales son considerados como en preparación para la vida adulta... Es decir, ser adulto es lo constituyente en nuestra sociedad, es aquello que otorga estatus y control en ella. Si se es hombre, rico, blanco, cristiano y adulto, con seguridad se posee una ventaja sobre el resto de la población[20].

En el contexto de este análisis resuenan con mayor brío las palabras y las actitudes de Jesús hacia los niños de su época. El evangelista Marcos cuenta que,

[19] Cf. Dina Krauskopf, *Participación social y desarrollo en la adolescencia*, en: http://educacion-enrique.blogspot.com/2012/11/el-adultocentrismo-tambien-discrimina.html
[20] Klaudio Duarte Quapper, *Discursos de resistencias juveniles en sociedades adultocéntricas*, DEI, San José 2006, pp. 127.

Llevaron unos niños a Jesús para que los bendijese. Los discípulos reñían a quienes los llevaban; pero Jesús, al verlo, se enojó y les dijo: «Dejad que los niños vengan a mí y no se lo impidáis, porque el reino de Dios es para los que son como ellos. Os aseguro que quien no reciba el reino de Dios como un niño, no entrará en él». Y estrechaba a los niños entre sus brazos y los bendecía poniendo las manos sobre ellos (Marcos 10, 13-16)[21].

Mientras los discípulos (adultos) rechazan a los niños, Jesús los acoge y los convierte en protagonistas de la escena. Aquí la pirámide social se invierte y la regla pedagógica sufre cambios: ahora los adultos no son más los maestros, sino los aprendices del reino; los niños enseñan a los adultos, los despreciados son recibidos y los que los desprecian son reprendidos. No es una escena sensiblera; lo que hace el Maestro es reclamar con fuerza inusitada los derechos de quienes hasta entonces no han tenido ninguno: derecho a participar, a ser protegidos, a ser amados, a protagonizar su propia historia y a ser considerados portadores del reino. Esto último quizá se explique diciendo que la niñez esconde un misterio espiritual que puede servir como criterio hermenéutico del quehacer teológico. Esto significa que a través de la niñez se pueden descubrir nuevos rostros de Dios, nuevas maneras de relacionarnos con Él y nuevos ángulos para interpretar las Escrituras. Por su intermedio se puede llegar a descubrir la grandeza de la pequeñez, la fortaleza de la debilidad y la simplicidad del reino.

Con los niños y las niñas sucede como sucede con los empobrecidos, los afrolatinoamericanos, los indígenas, las mujeres y los campesinos, que transmiten una mística cristiana y expresan un mensaje de parte del Señor que es *buena nueva*

---

[21] Todos los textos son tomados de *La Biblia, Traducción Interconfesional (BTI)*, Biblioteca de Autores Cristianos-Editorial Verbo Divino-Sociedades Bíblicas Unidas, Madrid 2008.

para todos; así lo enseñaba hace ya varios años el pastoralista chileno Segundo Galilea. Decía él, refiriéndose a los pobres, que ellos nos evangelizaban[22]. Según Jesús, son los adultos quienes deberían aspirar a ser como los niños... y no al revés. Pero sigamos con la teología de la niñez. Le queda aún mucho trecho por recorrer; es un proyecto en desarrollo que, con cierta timidez se ha abierto camino entre los otros proyectos ya maduros de la teología latinoamericana. Más allá de nuestro continente también son pocos los teólogos académicos que han escrito acerca del tema y, cuando lo han hecho, han sido breves artículos o pequeños libros introductorios, como es el caso, por ejemplo, de Hans Urs von Balthasar[23] y Jurgen Moltmann[24]. Quizá el esfuerzo más meritorio sea el de la profesora luterana Marcia Bunge, quien ha servido como coordinadora de varios proyectos editoriales con enfoque teológico, bíblico e histórico[25]. En español sólo contamos con una traducción de una parte de uno de sus libros. En nuestro idioma se han editado varios libros bajo el auspicio del *Movimiento Juntos con la Niñez y la Juventud* (hoy *Movimiento Juntos con la Niñez y la Juventud*), la *Fraternidad Teológica Latinoamericana*, el Consejo Latinoamericano de Iglesias, la *Universidad Nacional de Costa Rica* (UNA) y organizaciones cristianas de servicio social como *Compasión Internacional* y *Visión Mundial Internacional*, entre otras[26]. Vale mencionar aquí el interés por parte

---

[22] Segundo Galilea, *El sentido del pobre*, Indo American Press Service, Bogotá 1978, p. 43.

[23] Hans Urs von Balthasar, *Si no os hacéis como niños*, Herder, Barcelona 1989.

[24] Jurgen Moltmann, *Niño e infancia como metáforas de la esperanza y de la fe*, en Carthaginensia (Revista de estudios e investigación) 16, n° 29 (2000) 15-28.

[25] Sus publicaciones son: *The Child in Christian Thought* (2001), *The Child in the Bible* (2008), y *Children and Childhood in World Religions: Primary Texts and Sources* (2009). Ella ha anunciado una próxima publicación titulada: *Children, Adults, and Shared Responsibilities: Jewish, Christian, and Muslim*.

[26] Algunas de estas publicaciones, en orden cronológico, son: Nils Kastberg, Ruth Alvarado y otros, *Seamos como niños. Pensar teológicamente desde la niñez latinoamericana*, Fraternidad Teológica Latinoamericana, Colección FTL,

de algunos biblistas latinoamericanos asociados a la red de la *Revista de Interpretación Bíblica Latinoamericana* (RIBLA), en desarrollar una hermenéutica bíblica desde la perspectiva de la infancia.

Vale también indicar la existencia de algunos grupos de trabajo, dentro y fuera de América Latina, interesados en profundizar sobre el tema; el más reconocido de ellos es el *Child Theology Movement* (Movimiento de Teología de la Niñez)[27], organizado en el año 2000. Por iniciativa de esta organización se han realizado foros y encuentros internacionales en diferentes partes del mundo, con particular atención en los países de África y Asia. Esta es una iniciativa evangélica promovida por organizaciones cristianas de servicio social.

Teología de la niñez y teología feminista: diálogo fecundo

La teología de la niñez es una teología crítica que, debido a su breve desarrollo histórico, se encuentra en una etapa preliminar o preparatoria. En este momento, ¿qué teología podría servirle como modelo metodológico y referente histórico? ¿Podrían la teología feminista y los estudios de género servir para este fin? No se trata de copiar modelos, ni de replicar, sin más, las metodologías empleadas por otros *sujetos teológicos*, pero sí aprender de su peregrinaje, considerar sus aprendizajes

---

27, Ediciones Kairós, Buenos Aires 2006; Harold Segura, *Un niño los pastoreará. Niñez, teología y misión*, Editorial Mundo Hispano, El Paso 2006; Marcia J. Bunge, *Los niños en el pensamiento evangélico*, Editorial Kairós, Buenos Aires 2008; Marcia Bunge (ed.), *Los niños como clave teológica. Una aproximación teórica y experimental*, Ediciones Kairós, Buenos Aires 2011; Enrique Pinedo (ed.), *Niñez, adolescencia y misión integral*, Ediciones Kairós, Buenos Aires 2012; Harold Segura y Welinton Pereira (eds.), *Hablemos de la niñez: niñez, Biblia, pastoral y buen trato*, Universidad Nacional de Heredia-Movimiento Juntos con la Niñez y la Juventud, Heredia 2012.

[27] Cf. http://www.childtheology.org/events/

y cruzar caminos comunes en la búsqueda por la justicia y la liberación. En ese encuentro de caminos, quizá también la teología feminista podría considerar algunos elementos novedosos de la teología de la niñez como, por ejemplo, tener más en cuenta a la *mujer-niña*. Sorprende este vacío en la producción feminista, por lo menos en cuanto a teología se refiere[28].

La teología feminista y los estudios de género aportan a la teología de la niñez, entre muchos otros asuntos, algunos principios rectores que podrían coincidir con los intereses de la teología de la niñez en perspectiva latinoamericana. María Pilar Aquino[29], describiendo algunos de esos principios menciona los siguientes: la *vida cotidiana* como factor fundamental de toda reflexión sobre la fe; la *experiencia de los sujetos teológicos*, quienes se autoexperimentan a partir de una nueva vivencia con el Dios liberador; la *hermenéutica* específica que tiene como punto de partida la realidad concreta de los mismos sujetos teológicos; la *lógica de la vida en su integridad* ante la urgencia de avanzar «hacia nuevas relaciones sociales basadas en una lógica alternativa que es presidida por los principios ético-teológicos de la integridad de la vida para cada persona…»[30]; la *propia subjetividad*, es decir, la autocomprensión de los sujetos y la conciencia sobre el significado de hacer teología (enorme desafío en el caso de las niñas y los niños); la *memoria histórica*, porque «toda persona y grupo social necesita su pasado como punto de referencia para dar razón de su propia identidad»[31]; *la praxis del cariño*, opuesta a la práctica deshumanizadora (en el

---

[28] Entre los pocos trabajos especializados que conoce el autor, está: Desirre Segura-April, *The Girl Child in Latin America: A Case Study Analysis of Gender and Age Sensitive Theories and Practices Operating within Five Children's Mission Projects*, Asbury Theological Seminary, 2006.

[29] María del Pilar Aquino, *Principios rectores de la teología feminista latinoamericana*, en María del Pilar Aquino y Elsa Tamez, *Teología feminista latinoamericana*, Pluriminor-Abya-Yala, Quito 1998, pp. 57-66.

[30] *Ibid.*, p. 62.

[31] *Ibid.*, p. 63.

caso de la teología de la niñez, algunos autores se refieren a la *praxis de la ternura*); y *ecumenismo alternativo*, que en el caso de las mujeres ha servido para superar divisiones sociales, raciales, sexuales, religiosas y culturales y que, en el caso de las niñas y los niños serviría para superar esas mismas barreras y otras impuestas por las mismas comunidades eclesiales.

Por otra parte, la teología feminista y los estudios de género aportan a la teología de la niñez nuevos modelos de análisis, como es el caso de la interseccionalidad que tiene su origen en la articulación de la producción teórico feminista, pero que tendría innegables aplicaciones para el análisis de la niñez en América Latina. Como se sabe «... la perspectiva interseccional abriga diversas formulaciones y posibilidades de aplicación y ha sido señalada como una de las principales contribuciones del pensamiento y de la crítica feminista a la reflexión sobre desigualdades sociales»[32], y como tal permitiría ampliar el análisis acerca de las desigualdades de la niñez. Al respecto, Kimberly A. Scott ha presentado unas primeras aproximaciones a la utilidad del análisis interseccional para la niñez y ha ofrecido sugerencias metodológicas sobre cómo los adultos pueden desarrollar investigaciones sobre la niñez teniendo en cuenta sus posiciones de privilegio, poder y raza[33].

Haciendo una paráfrasis de E. Shüssler Fiorenza, se puede afirmar que un análisis crítico interseccional de la niñez no entiende la dominación como un sistema dualista ahistórico y esencialista adultez-niñez, sino que articula el adultocentrismo «como un concepto heurístico... o como un instrumento analítico de diagnóstico que posibilita investigar la interactividad

---

[32] Observatorio Transnacional de Inclusión Social e Equidad en la Educación Superior, ¿Qué es interseccionalidad?, en: http://www.oie-miseal.ifch.unicamp.br/es/que-es-interseccionalidad

[33] Kimberly A. Scott, Intersectionality as an Analytical Tool for Studying Young Children, en: http://portal.oas.org/LinkClick.aspx?fileticket=kiYaSxfMbhU%3D&tabid=1282&mid=3693

multiplicativa de género, raza, clase y estratificaciones impe-
riales, al mismo tiempo que analizar sus inscripciones discur-
sivas y reproducciones ideológicas»[34]. Esto y mucho más se
podría derivar de un análisis que nació en el seno de las luchas
feministas, pero que presenta herramientas de análisis de igual
manera valiosas para otros colectivos humanos.

Por otra parte, valdría considerar junto con los estudios de
género, la posibilidad de considerar a la niñez como una categoría de análisis social. Los especialistas invocan, según infor-
ma Joan W. Scott[35], tres categoría cruciales: clase social, raza
y género. El caso de la niñez, sería una cuarta categoría como
grupo etario.

Tres condiciones básicas: método, participantes y praxis

Ahora, digamos algo respecto de cuáles serían las condiciones básicas para elaborar una teología de la niñez en perspectiva latinoamericana. No se pretende enunciar aquí todas
las condiciones metodológicas del enfoque, sino señalar tres
requerimientos esenciales que animen el desarrollo de esta
teología: perspectiva latinoamericana, carácter ecuménico y
enfoque pastoral.

En primer lugar, en cuanto al método, se orientará por
la secuencia de los tres momentos enseñados por la teología
latinoamericana: ver, juzgar y actuar. Es decir, se examina el
estado de la situación de la niñez en el continente y los efectos destructivos del adultocentrismo en la cultura, se hace una

---

[34] Elizabeth Schüssler Fiorenza, *Poder, diversidad y religión*, Editorial SEBILA,
Universidad Bíblica Latinoamericana, San José 2012, pp. 54-55.

[35] John W. Scott, *El género; una categoría útil para el análisis histórico*, en: http://
www.herramienta.com.ar/cuerpos-y-sexualidades/el-genero-una-categoria-
util-para-el-analisis-historico

valoración de esas condiciones a la luz de la fe y se determinan acciones y compromisos de acuerdo con las circunstancias de tiempo y lugar. Se comprende mejor este método mediante la comprensión del círculo hermenéutico enseñado en su momento por el uruguayo Juan Luís Segundo. Decía él que se parte de la realidad; después esa realidad acude a la revelación para ser interpretada por ella (la teología es un *acto segundo*); luego la revelación se deja interpelar por la realidad y, después, la revelación, habiendo sido interpelada por la realidad, ofrece respuestas que iluminan la situación individual y social... y el ciclo se inicia de nuevo.

En segundo lugar, en cuanto a los participantes, incluirá diferentes sectores de la comunidad eclesial, para no correr el riesgo de limitarla a los teólogos especializados. Deberá ser, en este sentido, una teología popular que interactúe con la teología científica sin dejar que esta sea la única que defina sus contenidos y productos. ¡De poco valdrían sofisticadas elucubraciones teológicas acerca de la niñez que no tuvieran repercusiones en el ámbito pastoral y social! Ya advertían años atrás los hermanos Leonardo y Clodovis Boff, que en América Latina la teología debería ser «un fenómeno eclesial y cultural harto rico y complejo» que no se limitase «sólo a los teólogos de profesión»[36]. Deberá ser, entonces, tarea de toda la Iglesia; y tratándose de la teología de la niñez, el mayor desafío es cómo involucrar en este peregrinaje teológico a los niños, niñas, adolescentes y jóvenes, para que no solo sea una teología de la niñez, sino también una teología *con* la niñez y *desde* la niñez.

Fernando Torres, teólogo y educador colombiano, dice que el mundo adulto necesita reconocer la permanente necesidad de aprender «...en relación con personas de diferente condición que están a su alrededor, incluyendo a las niñas y de

---

[36] Leonardo y Clodovis Boff, *Cómo hacer teología de la liberación*, Paulinas, Madrid 1986, p. 19.

los niños, a quienes se consideran seres humanos, hermanas y hermanos cuya experiencia de fe también testimonia el amor de Dios» y, por lo tanto; «el mundo adulto y el mundo de la infancia se necesitarán mutuamente en la formación y el crecimiento del testimonio cristiano. El mundo adulto enseña y aprende de la infancia y ésta a su vez enseña y aprende del mundo adulto. Así... todos nos educamos mutuamente»[37]. Por su parte, Nicolás Panotto, teólogo argentino, ha propuesto la consideración de una hermenéutica teológica *desde* la niñez, la que presenta así:

Establecer este marco implica un ejercicio teológico desarrollado *por* los mismos niños y niñas, y tiene implicancias en diversos campos: desde la dimensión del discurso teológico hasta la comprensión de la iglesia en tanto comunidad inclusiva. En otros términos, no es sólo un área más del ejercicio teológico, sino *una nueva manera de hacer teología*. Por esta razón, vimos propicio esbozar algunas ideas en torno a la búsqueda de una *hermenéutica teológica desde la niñez*, que tuviera los siguientes objetivos: incentivar nuevas búsquedas de construcción teológica (tanto en la iglesia como en las instituciones educativas), redefinir ciertos elementos centrales de nuestra cosmovisión teológica (dogmática) a la luz de estos ejercicios, y servir a la creación de nuevas dinámicas eclesiológicas, que lleven a una mejor inclusión de los niños, las niñas y adolescentes de nuestras iglesias[38].

En tercer lugar, la materia prima de esta reflexión teórica es la práctica pastoral y social. La teología latinoamericana es, en

---

[37] Fernando Torres, *Como saben los niños, los niños que nada saben. Aprender a hacer teología con la niñez que acompañamos*, Dimensión Educativa, Bogotá, s.f. en: http://www.dimensioneducativa.org.co/biblioteca.shtml?AA_SL_Sessio n=1dc84484648539b000a9f43d69c43067&x=49759

[38] Nicolás Panotto, *Hacia una hermenéutica teológica desde la niñez*, en Enrique Pinedo (ed.), *op. cit.*, p. 59.

esencia, una *teología de la praxis*. Los compromisos pastorales y políticos son los que originan las preguntas que sirven como material privilegiado del quehacer teológico. Así es como se entiende aquello de que la teología es un *acto segundo* respecto de las prácticas concretas que son el acto primero. La primera palabra la tiene la acción comprometida con la niñez. João Batista Libânio[39], dice al respecto que a diferencia de los teólogos o teólogas que tienen como lugar de producción la academia o la cátedra, la teología de la praxis tiene como eje de acción la comunidad. No acuden a ella para observarla, sino que forman parte de ella y la sirven con compromisos claros. Esta relación con la praxis se expresa también en que es una teología *para* la praxis porque, aunque puede ser teórica, tiene siempre una intencionalidad práctica.

El planteamiento primordial es que esta es una teología que privilegia la ética como teología primera, y no como aplicación de unos principios generales, y la praxis como acto primero de cualquier reflexión. Porque, como dice Tamayo, «La teología no se mueve en el horizonte de la razón pura, sino de la razón práctica, y se reconstruye a través de los procesos históricos a partir de los nuevos sujetos...»[40].

Alrededor de estos tres requisitos se encuentran los principales pilares de la teología de la niñez en perspectiva latinoamericana: es *inductiva* (parte de preguntas que brotan de la realidad), *práctica* (desde la praxis y para la praxis), *interdisciplinaria* (en fecundo diálogo con la pedagogía, la psicología, la sociología, la biología, la antropología cultural y otras ciencias auxiliares que ayudan a comprender y a analizar el universo de la infancia), *comprometida* (se reflexiona mientras se sirve), *dialéctica* (relación dialéctica entre la realidad y las

---

[39] Cf. João Batista Libânio, *Teología de la liberación. Guía didáctica para su estudio*, Sal Terrae, Santander 1989, pp. 161-165.

[40] Juan José Tamayo, *Otra teología es posible. Pluralismo religioso, interculturalidad y feminismo*, p. 140.

estructuras cristianas), *participativa* (en este caso, incluye a los niños, adolescentes y jóvenes), *enraizada en la fe* y conformada por la *espiritualidad* de Jesús (porque es una reflexión creyente tras el seguimiento de Jesús). Es una teología que construye un callejón que conecta el templo y la plaza. El péndulo se balancea con equilibrio entre acción y contemplación, entre búsqueda de la justicia y renovación de la Iglesia, entre liturgia y diaconía, entre adoración y servicio, entre el niño que somos (a veces silenciado ante la presencia de nuestro propio adulto) y el adulto que hemos llegado a ser.

En lenguaje teológico se puede afirmar que la teología de la niñez considera a los niños y a las niñas como lugar teológico, como *locus theologicus*, para usar la clásica expresión introducida por el teólogo y fraile dominico Melchor Cano (1509-1560). Pero, a diferencia de Cano y siguiendo la tradición de la teología latinoamericana, ese lugar teológico no se entiende como uno de los lugares, entre otros más, en que se manifiesta la Revelación de Dios (como un *locus auxiliar*), sino como el lugar privilegiado a partir del cual se obtiene una perspectiva particular de esa Revelación. En otras palabras, la niñez es la clave que abre nuevas posibilidades para la comprensión de Dios; es un signo verdadero de su presencia y de sus planes salvíficos[41].

Realidad que duele

Pero, regresemos al punto de partida de esta teología que es la realidad que vive la niñez en nuestro continente: sus condiciones de pobreza, el trabajo infantil, la explotación sexual, la inequidad social, los índices de deserción escolar, los efectos

---

[41] Cf. Josep-Ignasi Saranyana (director), Carmen José Alejos Grau (coordinador), *Teología en América Latina. El siglo de las teologías latinoamericanistas (1899-2001)*, vol. II, Editorial Iberoamericana-Vervuert, Madrid 2002, pp. 283-284.

del VIH y Sida y el maltrato y la violencia doméstica, entre otras realidades lacerantes. Al respecto dice el Documento Conclusivo de la V Conferencia general del Episcopado Latinoamericano y del Caribe:

> Vemos con dolor la situación de pobreza, de violencia intrafamiliar (sobre todo en familias irregulares o desintegradas), de abuso sexual, por la que atraviesa un buen número de nuestra niñez: los sectores de niñez trabajadora, niños de la calle, niños portadores de HIV, huérfanos, niños soldados, y niños y niñas engañados y expuestos a la pornografía y prostitución forzada, tanto virtual como real. Sobre todo, la primera infancia (0 a 6 años) requiere de una especial atención y cuidado. No se puede permanecer indiferente ante el sufrimiento de tantos niños inocentes[42].

También un reciente documento evangélico, expedido por el *Movimiento Juntos con la Niñez y la Juventud* en el marco del *Quinto Congreso Latinoamericano de Evangelización* (CLADE V, 2012), hace referencia a la situación de la niñez. En uno de los párrafos introductorios se dice que las iglesias y las organizaciones allí representadas se comprometen a «fomentar la construcción de espacios eclesiales participativos, nuevas metodologías pedagógicas: lúdicas, intergeneracionales e interculturales; a promover iniciativas que respondan a los desafíos de los niños, niñas, adolescentes y jóvenes en situaciones de abandono, discapacidad, vulnerabilidad social y otras situaciones que atenten contra su plenitud de vida»[43].

---

[42] V Conferencia del Episcopado Latinoamericano y del Caribe, *Documento Conclusivo*, CELAM, Bogotá 2007, #439, p. 225.

[43] V Congreso Latinoamericano de Evangelización, CLADE V, San José 2012, en: *Consulta Latinoamericana Hablemos de la Niñez, con la Niñez: Iglesia, Sociedad y Plenitud de Vida*.

Mirar la realidad es el primer paso en el peregrinaje teológico *con* la niñez. No se debe perder de vista lo que pasa en esa realidad para poder acertar mejor en nuestras percepciones teológicas acerca de Dios. Ya enseñaba Agustín de Hipona que «un error acerca del mundo redunda en error acerca de Dios»[44]. Estas realidades, eso sí, se disciernen a la luz de las Escrituras y del reino de Dios para que no se limiten a deliberaciones sociales, antropológicas o políticas. Con este discernimiento se llega al momento de la construcción teológica; «momento específico, por el cual el discurso es formalmente discurso teológico»[45].

Categorías y principios teológicos

Resta enunciar ahora algunas categorías de análisis y nuevos principios teológicos que pueden derivarse de la teología de la niñez; categorías y principios que conllevan germen de renovación; la que tanta falta le hace a la teología: «Hoy la teología en general, y muy especialmente la oficial, vive de repeticiones miméticas, padece esclerosis múltiple y carece de imaginación y creatividad»[46]. Se necesita, en cierta medida, una refundación también de la teología latinoamericana que debe ubicarse en una serie de nuevos horizontes que respondan a los desafíos urgentes de este siglo. La niñez podría servir (discúlpese la metáfora) como terapeuta de esa esclerosis teológica; es un mal que tiene cura. La niñez podría ofrecerle al paciente un tratamiento de renovación y aliviar su déficit cognitivo rejuveneciendo también su rostro, con más alegría, vitalidad, actualidad y energía. Algo de relación tiene esto con

---

[44] Agustín de Hipona, *Suma contra los gentiles*, Editorial Porrua, México 2004, II, 3.
[45] Leonardo y Clodovis Boff, *op. cit.*, p. 45.
[46] Juan José Tamayo, *Otra teología es posible. Pluralismo religioso, interculturalidad y feminismo*, p. 136.

las palabras de Jesús cuando dijo: «El más importante en el reino de los cielos es aquel que se vuelve pequeño como este niño. Y el que recibe en mi nombre a un niño como este, a mí me recibe» (Mateo 18:4-5).

La teología de la niñez da lugar a las siguientes categorías y principios renovadores (terapéuticos, para seguir con la metáfora). En cuanto a los principios teológicos: opción por lo pequeño, diálogo intergeneracional, solidaridad con las personas más vulnerables, la alegría de Dios, la debilidad como principio transformador y la dimensión teológica del juego. En cuanto a las categorías, se pueden formular las siguientes: adultocentrismo, protagonismo infantil, crianza con ternura, infancia, espiritualidad, autonomía en interdependencia y educación. A continuación una presentación introductoria de algunos de ellos:

1. Opción por lo pequeño: implica el paso de un mundo diseñado para valorar lo grande, poderoso, rico y exitoso hacia la estimación de lo pequeño y sencillo. Jesús criticó con firmeza el modelo de sociedad asentado en la grandeza de los gobernantes y el dominio de los varones sobre las mujeres, de los adultos sobre los niños y niñas, de los nativos sobre los extranjeros, de los que se consideraban sanos sobre los enfermos y de los supuestos santos (dueños de la religión oficial) sobre los pecadores. Jesús enseñó que su reino podía compararse al grano de mostaza que, por cierto, es la más pequeña de todas las semillas (Mateo 13:31-32). Porque la grandeza del reino crece a partir de la pequeñez desechada y descartada por quienes creen que ser grande es igual a ser superior. En otra parte de los evangelios Jesús había dicho algo aún más contundente: «El que reciba en mi nombre a este niño, a mí me recibe, y el que me reciba a mí, recibe al que me ha enviado. Porque el más insignificante entre todos ustedes, ese es el más importante (Lucas 9:48)[47].

---

[47] En el mismo evangelio de Lucas se observa una gran ironía. En Lucas 10:21 Jesús dice: «En aquel mismo momento, el Espíritu Santo llenó de alegría a

2. Solidaridad con las personas más vulnerables: El escritor uruguayo Eduardo Galeano reseña sin ambages la realidad de la niñez de América Latina cuando dice:

En América Latina los niños y los adolescentes suman casi la mitad de la población total. La mitad de esa mitad, vive en la miseria. En América Latina mueren 100 niños cada hora, por hambre o enfermedades curables, pero hay cada vez más niños pobres en las calles. Niños son, en su mayoría, los pobres y pobres son, en su mayoría, los niños. Y entre todos los rehenes del sistema, ellos son los que peor la pasan. La sociedad los exprime, los vigila, los castiga, a veces los mata. Casi nunca los escucha y jamás los comprende. Son simplemente «Los nadies»[48].

La teología latinoamericana llamó a los cristianos y cristianas del continente a asumir la realidad de la pobreza, la injusticia y la desigualdad social como campo de misión profética y, de esta manera, hacer pertinente la buena nueva de Dios para los empobrecidos. La teología de la niñez hace referencia específica a los efectos de esa situación sobre la población infantil, que es la más vulnerable de todas. Esta realidad debe hacerse más visible y llamar a la solidaridad en nombre de la fe.

3. Los otros rostros de Dios: De Dios se ha enseñado que es un ser adulto, muy adulto, de barbas blancas, de rostro adusto y costumbres sobrias; amante de las normas e implacable contra quien quebranta sus leyes. De alegría, poco sabe este Dios.

Jesús, que dijo: Padre, Señor del cielo y de la tierra, te alabo porque has ocultado todo esto a los sabios y entendidos y se lo has revelado a los sencillos. Sí, Padre, así lo has querido tú». De inmediato sigue el relato de un adulto que, aunque es doctor de la ley, no ha recibido las cosas reveladas «a los sencillos». Se trata de la parábola del buen samaritano (Lucas 10:25-37). Agradezco esta observación que me hizo de manera personal el Dr. Plutarco Bonilla A., San José, Costa Rica 2013.

[48] Eduardo Galeano, *Patas arriba. La escuela del mundo al revés*, Siglo XXI, Buenos Aires 1998, p. 14.

Umberto Eco, el célebre escritor italiano, refleja esa dificultad para pensar a Dios como un ser alegre, en un diálogo entre dos de sus personajes de su novela *El nombre de la rosa*. Guillermo, un fraile franciscano, le pregunta a Jorge, el bibliotecario de la Abadía, qué de extraño habría en considerar la risa de Jesús. El diálogo trascurre así:

—Se habló de la risa —dijo secamente Jorge—. Los paganos escribían comedias para hacer reír a los espectadores, y hacían mal. Nuestro Señor Jesucristo nunca contó comedias ni fábulas, sino parábolas transparentes que nos enseñan alegóricamente cómo ganarnos el paraíso, amen.

—Me pregunto —dijo Guillermo—, por qué rechazáis tanto la idea de que Jesús pudiera haber reído. Creo que, como los baños, la risa es una buena medicina para curar los humores y otras afecciones del cuerpo, sobre todo la melancolía[49].

Jorge responde aceptando que los baños son saludables, pero no así la risa, y agrega: «La risa sacude el cuerpo, deforma los rasgos de la cara, hace que el hombre parezca un mono». Bueno, bien se sabe que en la larga historia del cristianismo la razón se le concede a Jorge. Dios no ríe; «eso lo haría parecido a un mono».

A Dios se le presenta como a un niño (Isaías 9:6; Lucas 2:12) y un rasgo sobresaliente de la niñez es la alegría; ésta es una metáfora que debe ser tenida en cuenta para recuperar el rostro sensible, cálido y alegre de Dios. El capítulo teológico que se dedica a demostrar los atributos de Dios, necesita tener en cuenta estos otros semblantes del Creador que surgen con la consideración de la niñez como categoría teológica. Es necesario introducir símbolos infantiles para enriquecer el mundo de

---

[49] Umberto Eco, *El nombre de la rosa*, Editorial Lumen, Barcelona 1982, p. 161.

las imágenes de Dios y responder a la idolatría adultocéntrica vigente en la teología sobre Dios[50].

4. La debilidad como principio transformador: En los relatos evangélicos la palabra niño tiene diferentes significados. En algunas ocasiones se refiere a una persona menor de edad (Mateo 18:2). En otros casos se emplea para ilustrar la justa relación con Dios (Lucas 18:16). Pero también se usa para referirse a personas que viven en alguna situación de vulnerabilidad o, por llamarlo así, de debilidad humana; este es el caso de Mateo 18:6. Teniendo en cuenta los dos últimos significados, el de ejemplaridad y el de vulnerabilidad, se afirma con razón que «...el niño es un símbolo claro de carencia de poder, de fuerza y de autoridad; es el prototipo de la humildad y del servicio»[51]. En otras palabras, símbolo de debilidad; de una debilidad que tiene capacidad transformadora. Se trata de la debilidad de la que escribe el apóstol Pablo: «Ha escogido Dios más bien lo necio del mundo para confundir a los sabios. Y ha escogido Dios lo débil del mundo, para confundir lo fuerte» (1 de Corintios 1:27). Estamos frente al principio paradójico, como paradójico es todo el Evangelio, de *lo débil que es más fuerte que lo fuerte.* Es, dicho de otra manera, el modelo de la encarnación (*kenósis*), de un Dios que siendo todopoderoso se hace débil para ofrecernos su redención (Filipenses 2:6-9).

5. Crianza con ternura: Soñar con una Iglesia y, en general con una sociedad más tierna, es volver a soñar con la utopía del Reino, donde Dios también es una madre que abraza con ternura a sus niños (su pueblo), los acaricia con afecto y los entretiene sobre sus piernas, como lo expresa el profeta: «Pues así

---

[50] Paráfrasis de una afirmación que Juan José Tamayo hace refiriéndose a los símbolos femeninos. Juan José Tamayo, *Otra teología es posible. Pluralismo religioso, interculturalidad y feminismo,* p. 247.

[51] P. Rossano, G. Ravasi y A. Girnalda, *Nuevo Diccionario de Teología Bíblica,* San Pablo, Madrid 1990.

dice el Señor: Voy a dirigir hacia ella la paz, igual que un río; como un torrente crecido, la riqueza de los pueblos. Mamaréis mecidos en los brazos, acariciados sobre las rodillas; como a un niño consolado por su madre, así pienso yo consolaros» (Isaías 66:12-13).

El conocido episodio evangélico donde Jesús se indigna con sus discípulos y les pide a los niños que se acerquen a él, termina con gestos de afecto y de ternura que modelan la relación que necesitan los niños y las niñas: «Y estrechaba a los niños entre sus brazos y los bendecía poniendo las manos sobre ellos» (Marcos 10:16). Jesús abraza: símbolo de una manera diferente de desarrollar las relaciones con la niñez, de aportar a su formación, de educar para la vida y de contrarrestar la crianza patriarcal, que, como afirma Humberto Maturana, «...valora la guerra, la competencia, la lucha, las jerarquías, la autoridad, el poder, la procreación, el crecimiento, la apropiación de los recursos y la justificación racional del control y de la dominación de los otros a través de la apropiación de la verdad»[52].

6. *La niñez como camino de redención*: La sentencia de Jesús hace pensar en la niñez como señal del reino de Dios y un don que descubre el misterio de ese Reino: «Les aseguro que, si no cambian de conducta y vuelven a ser como niños, no entrarán en el reino de los cielos» (Mateo 18:3). Como tal, la niñez tiene eficacia sanadora; ella puede curar nuestra carencia de humanidad ocasionada por el abandono del niño o niña que fuimos. El adulto que hemos llegado a ser ha sojuzgado el niño o la niña que un día fuimos[53], como lo retrata el poeta cubano Eliseo Diego:

---

[52] Humberto Maturana, *Amor y juego. Fundamentos olvidados de lo humano*, Editorial Instituto de Terapia Cognitiva, Santiago de Chile 1993, p. 36.

[53] El autor agradece al profesor Francisco Mena (Universidad Nacional de Costa Rica) sus observaciones y apuntes para esta sección.

¿Quién es ese niño que
va corriendo aprisa?
Sé
yo le conozco de
algún sitio tan bien...
¿O será el niño que pasó
para no volver
–¡oh, no!–
Solo el niño que fui yo?[54].

Esta recuperación de la experiencia de nuestra propia niñez es condición *sine qua non* para hacer teología *desde* la niñez. Como explica el profesor Francisco Mena, «sólo podremos pensar en la niñez cuando la mía propia esté a flor de piel en nuestro ser de adultos»[55]. Es volver a ser como niños, aunque siendo adultos, para pensar a Dios y la existencia desde esa niñez dejada atrás en el tiempo. A esto se refiere, otro poeta, el colombiano Jairo Aníbal Niño cuando dice:

Usted
que es una persona adulta
–y por lo tanto–
sensata, madura, razonable,
con una gran experiencia
y que sabe muchas cosas,
¿qué quiere ser cuando sea niño?[56].

---

[54] Eliseo Diego, *¿Quién?*, citado por: Yuniet Rodríguez Padrón, defensa de la tesis *La espiritualidad cristiana en la poesía de Eliseo Diego. Su visión de Paraíso y muerte*, Tesis presentada al Instituto Superior de Estudios Bíblicos y Teológicos, La Habana, Cuba 2011.

[55] Francisco Mena, *Hacer teología desde la niñez* (notas inéditas), Foro sobre Teología de la Niñez, Universidad Nacional de Costa Rica, 2013.

[56] Jairo Aníbal Niño, *Usted*, en *Preguntario*, Editorial Panamericana, Bogotá 1998.

Sirvan los anteriores puntos como ejemplo de las posibilidades que ofrece la niñez como mediadora teológica y su potencial renovador para la fe y el seguimiento de Jesús; ella tiene la capacidad de contribuir a una teología de carácter mistagógico (relacionada con el misterio de Dios), que privilegie las metodologías narrativas, sin despreciar la conceptualidad, que responda a las preguntas que surgen de las personas y de las situaciones concretas de la vida diaria (que se despoje de sus formas sacrales de entender la verdad), cuyo asunto principal sea el sentido antes que la verdad, que recobre su capacidad de evocar y se alimente de las metáforas, las parábolas y los mitos simbólicos y que alimente su dimensión utópica (nada mejor que la niñez para pensar en el valor de los sueños)[57].

Largo camino cruzado de riesgos y desafíos

La teología de la niñez tiene aún un largo camino por recorrer. Lo andado es poco; lo que queda por andar, mucho. Es un peregrinaje que refresca la fe, anima los compromisos y renueva el seguimiento del Señor; un camino cargado de esperanza, aunque también, como todo camino, con riesgos y desafíos. No es esta una teología que se desarrolla aislada de los otros nuevos rostros de la teología latinoamericana. Entre los pobres, los indígenas, los campesinos y los afro-latinoamericanos hay niños y niñas... y muchos, por cierto. Por eso, no puede enclaustrarse en sí misma, sino responder a una serie de riesgos y desafíos que pueden resumirse en éstos[58]:

---

[57] Notas tomadas por el autor durante el curso *Temas y problemas de la teología contemporánea*, Profesor y presbítero Alberto Parra, Pontificia Universidad Javeriana (Programa Doctoral en Teología), Bogotá 2006.

[58] Se tienen en cuenta en esta sección, las consideraciones hechas por Juan José Tamayo cuando piensa en los otros nuevos rostros de la teología latinoamericana, en Juan José Tamayo, *Otra teología es posible. Pluralismo religioso, interculturalidad y feminismo*.

Primero, la necesidad de la elaboración teórica y la articulación metodológica, aunque sin perder lo que se señaló antes, su sabor popular y su carácter participativo de todo el Pueblo (*laos*) de Dios. Sobre todo, esta teología se enfrenta al supremo desafío de adoptar metodologías participativas que incluyan a los niños y a las niñas en la construcción teológica. Sólo así logrará ser una teología *con* la niñez.

Segundo, la importancia, para los jóvenes y adultos, de aprender de la niñez nuevas formas de pensar acerca de Dios y de relacionarse con Él. Este desafío epistemológico es también un reto a la espiritualidad cristiana; un reto a la mentalidad adultocéntrica que ha dominado al quehacer teológico a través de su historia.

Tercero, la elaboración de una teología que auxilie el trabajo social que desarrollan diversas comunidades eclesiales y organizaciones de servicio cristianas a favor de la niñez. En este campo se ha producido, en muchos casos, un divorcio entre la acción profética y diaconal y su fundamentación teológica.

Cuarto, la des-sacralización de la niñez que ha sido vista como una etapa de la vida plena de inocencia, desprovista de malicia, cargada de candor (y otras idealizaciones) que sirve como referencia, también ingenua, a la santidad cristiana y al ser humano ideal. Por este camino, la teología de la niñez degenera en infantilismo teológico. El apóstol Pablo advierte: «Hermanos, no os comportéis como niños al razonar» (1 Corintios 14:20).

Quinto, la superación de los modelos pedagógicos tradicionales para la enseñanza de la fe y la exploración de nuevas metodologías para la lectura bíblica infantil en las que las niñas y los niños sean sujetos protagónicos de esa experiencia (empoderamiento de la infancia) y se innoven lecturas a partir de la imaginación, los juegos, la oralidad, la representación corporal, las artes plásticas y los símbolos[59].

---

[59] Cf. Fernando Torres, *op.cit.*

Sexto, la traducción de los contenidos teológicos en mejores compromisos políticos para la defensa de los derechos de los niños y las niñas y en acciones en favor de condiciones de vida digna. En el mundo existen más de mil millones de niños y niñas en condiciones de pobreza; dato que apela a una reflexión teológica con carácter diaconal.

Séptimo, la creación de oportunidades de encuentro ecuménico donde teólogos y comunidades de diferentes confesiones cristianas participen por igual en el quehacer teológico de la niñez. La niñez tiene un enorme potencial para contribuir a la unidad de la Iglesia del Señor.

Octavo, la elaboración de una teología de la niñez que promueva la transformación de la sociedad y que en esas acciones transformadoras participen las niñas y los niños como sujetos activos de cambio.

De esta manera se estimula una forma renovada de dar testimonio de Jesús y de imitar sus compromisos: «¿Y por qué me buscabais? ¿No sabéis que debo ocuparme de los asuntos de mi Padre?» (Lucas 2:49).

La lista es más extensa; sin duda. Los desafíos y los riesgos no son pocos siendo la teología de la niñez un proyecto que «aún sigue en pañales». Pero ya se sabe por el poeta que «se hace camino al andar» (Antonio Machado).

Camino que comienza

En resumen: la teología de la niñez quiere ser uno de los nuevos rostros o sujetos teológicos surgidos al calor de la teología latinoamericana para la cual lo fundamental es la realidad de seres humanos y situaciones históricas concretas. Es, como sus «otras hermanas», una teología que plantea la fe cristiana dentro de los nuevos ejes históricos de América Latina y los desafíos que esa realidad le plantea al cristianismo. Como una teología que quiere moverse en el horizonte de la razón práctica, no sólo busca hacer visible la realidad de la niñez y convocar al compromiso con sus causas, sino también acoger lo que la niñez tiene para decirle al mundo adulto y a la cultura adultocéntrica. La niñez es don y señal del reino de Dios. Esta teología tendrá carácter latinoamericano y transformador en la medida que parta de la realidad; que asuma compromisos proféticos; que logre una amplia base de participantes (incluyendo a las niñas y a los niños como protagonistas de la construcción teológica); que se desarrolle a partir de la práctica diaconal; quinto, reconozca la dimensión lúdica del quehacer teológico (que no se conforme con la rigidez metodológica de los sistemas racionalistas tradicionales) y que conduzca a una espiritualidad solidaria y humilde (solidaria porque debe servir a la niñez; humilde porque debe dejarse servir por ella). Su método es su espiritualidad, como solía enseñar Gustavo Gutiérrez refiriéndose a otros temas de la teología latinoamericana en general. La teología de la niñez da lugar a nuevas categorías y principios teológicos que pueden servir como terapia renovadora de la teología clásica tradicional. Ella también tiene riesgos y desafíos, los que deben encararse con confianza en el Señor y pasión por su Reino.

Jugar: mediación lúdica

Ahora, antes de terminar, una ocurrencia teológica de Rubem Alves, de las muchas a las que ya tiene acostumbrados a sus lectores. Dice él, refiriéndose a los teólogos científicos, encasillados en su mentalidad adultocéntrica:

> ¿Qué teólogo, en el pasado, tuvo la desfachatez de comparar su trabajo al juego o a la artesanía? Sus rostros serios revelaban la gravedad de su tarea: abrir las puertas de las cosas divinas

y eternas. Sabían que, en oposición a las sombras en las que los otros hombres vivían, ellos habitaban en lugares sagrados donde la voz de Dios se hacía oír y contemplaban la luz clara y directa de la Revelación. Trabajan bajo el imperativo de la verdad. Y, de la misma manera que los científicos de la naturaleza, que también por amor a la verdad subordinan la imaginación a la observación y se volvían totalmente sumisos al objeto, los teólogos científicos de las cosas divinas, deseaban que su palabra fuera conocimiento riguroso y objetivo de las cosas que tienen que ver con la divinidad.

Pero ahora yo sugiero que la teología es juego, construcción, artesanía; cosa humana, por demás humana. ¿Decir que los teólogos son jugadores-tapiceros no será lo mismo que decir que ellos son jugadores-embusteros?[60].

Razón tiene Alves. La teología también es juego; un juego que nos redime y nos hace libres. Con la niñez, quizá, descubramos la seriedad de ese juego. La teología *de* la niñez, *con* la niñez y *desde* la niñez es una alegre invitación a pensar en una nueva manera de hacer teología: viendo, juzgando, actuando... y jugando. ¡Bienvenidos y bienvenidas al juego de Dios, que es el juego de la vida!

---

[60] Rubem Alves, *La teología como juego*, Editorial Aurora, Buenos Aires 1982, p. 20.

Bibliografía

ALVES, Rubem A., *Hijos del mañana*, Ediciones Sígueme, Salamanca 1976.

– *La teología como juego*, Editorial Aurora, Buenos Aires 1982.

BAENA, Gustavo y otros, *Los métodos en teología*, Pontificia Universidad Javeriana, Colección Libros de Investigación, Bogotá 2007.

BERZOSA, Raúl, *Hacer teología hoy. Retos, perspectivas, paradigmas*, San Pablo, Madrid 1994.

BOFF, Leonardo y BOFF, Clodovis, *Cómo hacer teología de la liberación*, Paulinas, Madrid 1986.

BROWNING, Don S. y BUNGE, Marcia J. (eds.), *Children and Childhood in World Religions: Primary Sources and Texts*, Rutgers University Press, New Jersy 2009.

BUNGE, Marcia (ed.), *Los niños como clave teológica. Una aproximación teórica y experimental*, Ediciones Kairós, Buenos Aires 2011.

– *Los niños en el pensamiento evangélico*, Editorial Kairós, Buenos Aires 2008.

– *The Child in Christian thought*, Eerdmans Publishing, Grand Rapids 2001.

BUNGE, Marcia (ed.), FRETHEIM, Terense E. y GAVENTA, Beverly Roberts (coed.), *The child in the Bible*, Eerdmans Publishing, Grand Rapids 2008.

CELAM, *V Conferencia del Episcopado Latinoamericano y del Caribe*, Documento Conclusivo, Bogotá 2007.

– *El método teológico en América Latina*, Colección Documentos CELAM, Bogotá 1994.

CERVANTES-ORTÍZ, Leopoldo, *Serie de sueños. La teología ludo-erótica de Rubem Alves*, CLAI, Quito 2003.

CUSSIÁNOVICH, Alejandro, *Aprender la condición humana. Ensayo sobre pedagogía de la ternura*, Ifejant, Lima ²2010.

- *Ensayos sobre la infancia. Sujeto de derechos y protagonista*, Ifejant, Lima 2006.

DUARTE Quapper, Klaudio, *Discursos de resistencias juveniles en sociedades adultocéntricas*, DEI, San José 2006.

ELLACURÍA, Ignacio y SOBRINO, Jon (eds.), *Misterium liberationis. Conceptos fundamentales de la teología de la liberación*, UCA Editores, San Salvador 1993.

ESCOBAR, Samuel, *En busca de Cristo en América Latina*, Ediciones Kairós, Buenos Aires 2012.

- *La fe evangélica y las teologías de la liberación*, Casa Bautista de Publicaciones, El Paso 1987.

FABRI DOS ANJOS, Márcio (ed.), *Teología y nuevos paradigmas*, Ediciones Mensajero, Bilbao 1999.

FASSONI, Klênia; DIAS, Lissânder y PEREIRA, Welinton (eds.), *Uma criança os guiará. Por uma teologia da criança*, Editora Ultimato, Viçosa 2010.

GEVARA, Ivone, *El rostro nuevo de Dios. Una reconstrucción de los significados trinitarios*, Ediciones Dabar, México D.F. 1994.

GIBELLINI, Rosino, *La teología del siglo XX*, Sal Terrae, Santander 1998.

GONZÁLEZ, Justo L., *Teología liberadora. Enfoque desde la opresión de una tierra extraña*, Ediciones Kairós, Buenos Aires 2006.

GUTIÉRREZ, Gustavo, *La fuerza histórica de los pobres*, Selección de trabajos, CEP, Lima ²1980.

- *Teología de la liberación. Perspectivas*, Ediciones Sígueme, Salamanca ¹⁶1999.

KASTBERG, Nils, ALVARADO, Ruth y otros, *Seamos como niños. Pensar teológicamente desde la niñez latinoamericana*, Fraternidad Teológica Latinoamericana, Colección FTL, # 27, Ediciones Kairós, Buenos Aires 2006.

LEHMANN, Karl y otros, *Karl Rahner. La actualidad de su pensamiento*, Herder, Barcelona 2004.

LIBÂNIO, João Batista, *Teología de la liberación. Guía didáctica para su estudio*, Sal Terrae, Santander 1989.

LIBÃNIO, J. B., MURAD, Alfonso, *Introducción a la teología. Perfiles, enfoques, tareas*, Ediciones Dabar, México D.F. 2000.

MATURANA, Humberto, *Amor y juego. Fundamentos olvidados de lo humano*, Editorial Instituto de Terapia Cognitiva, Santiago de Chile 1993.

MÍGUEZ BONINO, José, *La fe en busca de la eficacia. Una interpretación teológica latinoamericana de la liberación*, Ediciones Sígueme, Salamanca 1977.

MOLTMANN, Jürgen, *Un nuevo estilo de vida. Sobre la libertad, la alegría y el juego*, Ediciones Sígueme, Salamanca 1981.

PADILLA, C. René, *Misión integral. Ensayos sobre el reino de Dios y la iglesia*, Ediciones Kairós-Misión Alianza, Buenos Aires 2012.

PIEDRA, Arturo (ed.), *Haciendo teología en América Latina. Juan Stam, un teólogo en el camino*, Misión Latinoamericana-Visión Mundial-Fraternidad Teológica Latinoamericana-Universidad Bíblica Latinoamericana, San José 2005.

PINEDO, Enrique (ed.), *Niñez, adolescencia y misión integral*, Ediciones Kairós, Buenos Aires 2012.

PONTIFICIA UNIVERSIDAD JAVERIANA, *Epistemología, métodos y teología: en busca de nuevos horizontes*, Colección Teología y Sociedad, # 2, Cali 2004.

– *Teología Latinoamericana: aspectos críticos y nuevas perspectivas*, Colección Teología y Sociedad, # 3, Cali 2005.

RICHARD, Pablo, *Fuerza ética y espiritualidad de la teología de la liberación. En el contexto actual de la globalización*, DEI, San José 2004.

ROCCHETTA, Carlos, *Teología de la ternura. Un «evangelio» por descubrir*, Ediciones Secretariado Trinitario, Salamanca 2001.

RODRÍGUEZ, José David, *Introducción a la teología*, Centro Luterano de Formación Teológica José David Rodríguez-El Faro-Centro Basilea de Investigación y Apoyo, México 2002.

ROLDÁN, Alberto F., *¿Para qué sirve la teología?*, Libros Desafío, Grand Rapids 2011.

– *Reino, política y misión. Sus relaciones en perspectiva latinoamericana*, Ediciones Puma, Lima 2011.

SARANYANA, Josep-Ignasi (dir.), ALEJOS GRAU, Carmen-José (coord.), *Teología en América Latina. El siglo de las teologías latinoamericanistas (1899-2001)*, vol. II, Editorial Iberoamericana-Vervuert, Madrid 2002.

SEGURA, Harold, *Un niño los pastoreará. Niñez, teología y misión*, Editorial Mundo Hispano, El Paso 2006.

SEGURA, Harold y PEREIRA, Welinton (eds.), *Hablemos de la niñez: niñez, Biblia, pastoral y buen trato*, Universidad Nacional de Heredia-Movimiento Juntos con la Niñez y la Juventud, Heredia 2012.

VÉLEZ, Olga Consuelo, *El método teológico. Fundamentos, especializaciones, enfoques*, Pontifica Universidad Javeriana, Colección teología Hoy, # 63, Bogotá 2008.

TAMAYO, Juan José, *Otra teología es posible. Pluralismo religioso, interculturalidad y feminismo*, Herder, Barcelona 2011.

– *La teología de la liberación en el nuevo escenario político y religioso*, Tirant Lo Blanch, Valencia 2011.

TELLERÍA LARRAÑAGA, Juan María, *El método en teología*, Editorial Mundo Bíblico, Las Palmas de Gran Canaria 2011.

VON BALTHASAR, Hans Urs, *Si no os hacéis como niños*, Herder, Barcelona 1989.

WHITE, Keith J., HADDON, Willmer, y BUNGE, Marcia (eds.), *Los niños como clave teológica. Una aproximación teórica y experimental*, Ediciones Kairós, Buenos Aires 2011.

ZWETSCH, Roberto E., *Misión como compasión. Por una teología de la misión en perspectiva latinoamericana*, Editora Sinodal-CLAI, Quito 2009.

PARTE BÍBLICA

Estudios bíblicos participativos

GUÍA BÍBLICA N° 1

«Dios escuchó al niño llorar»

Génesis 21:8-21

Preparación del ambiente

Se sugiere que las sillas se distribuyan en forma de círculo y se adorne una mesa con una Biblia abierta (que recuerda que la Biblia contiene un mensaje de Dios siempre abierto para quien desee escucharlo), un cirio encendido (que simboliza la presencia del Señor en medio de los participantes: Jesús es nuestra luz) y algunos objetos que hagan referencia a los niños y las niñas (juguetes, vestidos u otros que enfoquen al grupo en el tema que se desarrollará: la teología de la niñez se hace a partir del reconocimiento de su situación, sus valores y necesidades). Tener hojas de papel y lápices para que, al final, escriban un clamor o petición acerca de la niñez del país y del continente. Escribir en una cartulina y en letra grande el título del encuentro: «Dios escuchó al niño llorar». Se sugiere también que las preguntas que aparecen en el paso #5 se escriban en una cartulina, se proyecten en una pantalla o se haga una fotocopia para cada participante.

¿Qué buscamos en este encuentro?

a. Considerar que un punto de partida primordial para hacer *teología de la niñez* es situarse en la realidad social, cultural, política y espiritual de las niñas y los niños.
b. Reflexionar acerca de la relación entre compromiso espiritual con las necesidades de la niñez y quehacer teológico.

1. Antes de empezar la meditación bíblica:

Antes de iniciar la meditación bíblica, se invoca la dirección del Espíritu Santo por medio de una breve oración. Se sugiere tener un canto cristiano y unos instantes de silencio. No sobra recordarle al grupo que lo que se hará en los minutos siguientes es un ejercicio espiritual de meditación para celebrar la fe y animar nuevos compromisos con el Señor y con la niñez de nuestros países.

2. Presentación general de la meditación bíblica:

Karl Rahner, el gran teólogo alemán del siglo XX, «estaba convencido de que la razón de ser de la teología no era sistematizar los conocimientos de la fe para que los hombres y mujeres estuvieran obligados a creerlos. Por el contrario, pensaba que la teología debía estar al servicio de los seres humanos, tratando sus asuntos diarios, respondiendo a sus preocupaciones más sentidas y, así, acercándolos al misterio divino a partir de realidades concretas. Se interesó por elaborar una teología que tuviera como punto de partida el ser humano, visto éste a la luz de la revelación de Dios». Comprendemos a Dios cuando reconocemos cómo actúa en medio de nuestra historia humana.

Surge, entonces, una pregunta: ¿y acaso el punto de partida de la teología no es Dios? Sí, es Dios en cuanto que la teología es el estudio de las cosas y de los hechos relacionados con Él; Dios es su objeto directo. Pero el ser humano y el mundo en general son el objeto indirecto y determinante... porque ¿de qué valdría estudiar a Dios sin relacionarlo con las situaciones concretas del ser humano? El campo de acción divino son las circunstancias humanas; es en esta tierra limitada donde se experimenta el amor ilimitado de Dios. Y la teología de la niñez es un esfuerzo más por descubrir el proyecto de Dios para los niños y las niñas situados en sus condiciones y necesidades específicas. ¡Este es el punto de partida!

Pensamiento central:

La teología de la niñez tiene como punto de partida el reconocimiento de las necesidades de las niñas y los niños. Comprendemos mejor a Dios cuando reconocemos cuáles son sus respuestas a las necesidades humanas y cuál es su proyecto de paz, redención y liberación para los seres humanos.

---

3. *Proclamación de la Palabra:* Génesis 21:8-21

Se lee este texto dos veces: primero una lectura en voz alta por parte de una de las personas participantes.

⁸ El niño creció y fue destetado; el día en que lo destetaron Abrahán ofreció un banquete.

⁹ Un día, Sara vio que el hijo que Abrahán había tenido de la egipcia Agar jugaba con su hijo Isaac; ¹⁰ dijo entonces a Abrahán:

– ¡Echa de aquí a esa esclava y a su hijo! Porque el hijo de esa esclava no va a compartir la herencia con mi hijo Isaac. ¹¹ Esto le dolió mucho a Abrahán, porque Ismael también era hijo suyo. ¹² Pero Dios le dijo:

– No te angusties por el muchacho ni por tu esclava. Hazle caso a Sara, porque la descendencia que llevará tu nombre será la de Isaac. ¹³ Pero también del hijo de la esclava haré una gran nación, porque es descendiente tuyo.

¹⁴ Al día siguiente, Abrahán se levantó de madrugada, tomó pan y un odre de agua, lo cargó a hombros de Agar y la despidió con el niño. Ella se marchó y anduvo sin rumbo por el desierto de Berseba. ¹⁵ Cuando se acabó el agua del odre, dejó al niño bajo un arbusto, ¹⁶ se alejó y se sentó a solas a la distancia de un tiro de arco, pues no quería verle morir. Sentada a distancia lloró amargamente.

¹⁷ Dios escuchó al niño llorar, y desde el cielo el mensajero de Dios llamó a Agar y le dijo:

– ¿Qué te pasa, Agar? No temas, pues Dios ha escuchado los sollozos del niño que está ahí. ¹⁸ ¡Anda, vete a donde está el muchacho y agárralo con fuerza de la mano, porque yo haré de él una gran nación!

¹⁹ Entonces Dios le abrió a Agar los ojos y vio un pozo de agua. Enseguida fue allá, llenó el odre y dio de beber al niño. ²⁰ Dios protegió al niño, y este fue creciendo. Vivía en el desierto y era un buen tirador de arco; ²¹ habitó en el desierto de Parán y su madre lo casó con una mujer egipcia.

4. Meditación participativa

Después de la lectura del texto bíblico corresponde interiorizar su mensaje y preguntar qué dice el Señor, en particular, respecto de la situación de los niños, las niñas y los adolescentes de nuestra América Latina y el Caribe. Con este propósito, se provoca un diálogo respondiendo las siguientes preguntas.

a. Pregunta de observación: ¿Qué dice el texto acerca de la situación del niño Ismael y de su mamá Agar? ¿Cómo se describe su sufrimiento? Ismael, es un niño, pero además sufre otras condiciones de vulnerabilidad, ¿cuáles son estas otras condiciones que le ocasionan sufrimiento a él y a su madre?

b. ¿Qué se dice en el texto sobre la respuesta de Dios?

c. Teniendo en cuenta el punto anterior, ¿qué podemos decir acerca del carácter de Dios y de sus compromisos con la niñez?

d. ¿Qué situaciones son las que hoy producen más llanto y dolor entre las niñas, los niños y sus familias?

e. De acuerdo con este texto, ¿qué se puede decir acerca del plan (proyecto) de Dios para la niñez?

5. Celebración de la Palabra

En esta parte final del encuentro se busca que el grupo responda a la Palabra de Dios y exprese en oración lo que el texto sugiere. Para esto:

a. Se lee de nuevo el texto de Génesis 21:8-21.

b. Se termina el encuentro con la siguiente oración en común[1]:

---

[1] VIVA, Juntos por la Niñez, *Los niños y las niñas entre nosotros. Guía de oración por la niñez más vulnerable*, en: http://www.viva.org/pdf/translations/spanish/spanish-translation-2010.pdf

Señor,

Nos unimos en tu nombre solicitando que toques la vida de los niños y niñas que, aún no han conocido un gesto de cariño, o la calidez de unos brazos que ofrecen amor, seguridad y protección.

Oramos para que los llantos desconsolados de los niños y niñas que hoy sufren a causa de la violencia, puedan ser transformados en alegrías y sonrisas, capaces de contagiar a este mundo.

Te suplicamos Señor que sanes nuestra tierra, que también llora por el ave que perdió su nido; el bosque, a sus árboles; los ríos, su pureza; y la niña que se quedó sin zonas verdes para jugar.

Imploramos tu perdón, porque olvidamos que extendiendo nuestros brazos, abriendo nuestros corazones y levantando nuestras voces, es como también servimos a nuestros niños y niñas y hacemos tu voluntad aquí en la tierra.

Amén.

GUÍA BÍBLICA N° 2

«La más pequeña de todas las semillas»
Mateo 13:31-32

Preparación del ambiente:

Las sillas se organizarán en forma de círculo y en el centro se pondrá una planta (no importa su tamaño). El texto bíblico que se leerá en este encuentro menciona las plantas y habla de una semilla que es muy pequeña: la semilla de mostaza. Por lo tanto, se tendrán semillas pequeñas en cantidad suficiente para entregar en el momento indicado a cada participante. En lo posible, conseguir semillas de mostaza o, en su defecto, otras que sean muy pequeñas.

¿Qué buscamos en este encuentro?

a. Redescubrir la paradoja cristiana de que lo pequeño y débil a los ojos del mundo, es grande y fuerte a los ojos de Dios.

b. Profundizar en la imagen bíblica de la semilla de mostaza y en las enseñanzas que de ella se desprenden para hoy.

c. Pensar en la niñez como símbolo espiritual de «la grandeza de lo pequeño».

1. *Antes de empezar la meditación bíblica:*

Este encuentro se iniciará con un canto cristiano y la siguiente oración[1]:

Dios de vida abundante,
recordamos el día en el que creaste a la Iglesia
como el día sorprendente de un nuevo comienzo en el poder del Espíritu Santo.
Bendícenos para que podamos ser renovados y fortalecidos mediante la sanación y la energía profética del Espíritu Santo, para que podamos servirte, así como al mundo con gozo, fortaleza y unidad.
Da a la Iglesia el valor para luchar por la justicia y la paz, dando testimonio de tu obra creadora de gracia y amor.
Amén.

2. *Presentación general de la meditación bíblica:*

La teología de la niñez es una forma de opción preferencial por lo pequeño (y no sólo por los pequeños) de este mundo. Esta es una opción contracultural (porque contradice los valores de la cultura imperante). En nuestro mundo no predomina

---

[1] Hyunju Bae, Oración, en *Hallelujah! Libro de Culto y Oraciones*, Consejo Mundial de Iglesias, X Asamblea, 2013, en: https://www.oikoumene.org/es/resources/documents/assembly/2013-busan/bible-studies/being-and-becoming-church-the-spirit-filled-genesis

lo pequeño, sino lo grande (y lo grandioso), lo poderoso y lo espectacular. ¡Cuántas ansias de grandiosidad observamos en nuestro mundo!

Jesús criticó con firmeza el modelo de sociedad asentado en la grandeza de los gobernantes, en el dominio de los varones sobre las mujeres, «de los adultos sobre los niños y niñas, de los nativos sobre los extranjeros, de los que se consideraban sanos sobre los enfermos y de los supuestos santos (dueños de la religión oficial) sobre los pecadores. Jesús enseñó que su Reino podía compararse al grano de mostaza que, por cierto, es la más pequeña de todas las semillas (Mateo 13:31-32). Porque la grandeza del Reino crece a partir de la pequeñez desechada y descartada por quienes creen que ser grande es igual a ser superior. En otra parte de los evangelios Jesús había dicho algo aún más contundente: "El que reciba en mi nombre a este niño, a mí me recibe, y el que me reciba a mí, recibe al que me ha enviado. Porque el más insignificante entre todos ustedes, ese es el más importante (Lucas 9:48)"».

Entonces, hacer teología de la niñez es exponernos a la grandeza de lo pequeño y considerar un nuevo estilo de vida basado en la pequeñez tal cual la concibió el Maestro de Galilea.

Pensamiento central:

La teología de la niñez se interesa en las niñas y los niños, pero también en todo cuanto ellos simbolizan. Ellos representan el misterio de aquello que por ser pequeño e insignificante es grande y transformador. Este es un valor paradójico del reino de Dios: lo más pequeño es grande.

---

3. *Proclamación de la Palabra:* Mateo 13:31-32

Este es un texto muy corto, lo cual nos da la oportunidad de leerlo tres veces. Se pide a tres personas que lo lean, haciendo una pausa de unos segundos entre una persona y otra.

[31] También les contó Jesús esta otra parábola:
- El reino de los cielos puede compararse al grano de mostaza que el labrador siembra en el campo. [32] Se trata, por cierto, de la más pequeña de todas las semillas, pero luego crece más que las otras plantas y llega a hacerse como un árbol, hasta el punto de que en sus ramas anidan los pájaros.

4. *Meditación participativa:*

Las siguientes preguntas sirven como guía para la conversación del grupo acerca del mensaje que se esconde en esta breve parábola de Jesús.

a. ¿Qué palabras o expresiones de este texto llaman nuestra atención? ¿Por qué?
b. ¿Cuál es, en su opinión, el mensaje central de esta parábola?
c. Nótese el contraste de la semilla pequeña, al inicio de la parábola, y la grandeza de la planta, al final. ¿Cuál es su enseñanza para nuestras ambiciones de grandeza?
d. ¿Cómo se relaciona la semilla de mostaza con las niñas, los niños y otros grupos humanos considerados pequeños: enfermos, ancianos, personas con alguna discapacidad física y otros?

5. *Celebración de la Palabra:*

Este encuentro se cierra con un momento personal de oración (1 o 2 minutos) y después se encarga a una persona que lea la siguiente oración:

Ser como un grano de trigo,
pequeña semilla,
que guarda en su interior
la posibilidad de ser pan,
para ofrecerse, sencillo, cotidiano,
a todo el que lo necesite.

Tú nos llamas a ser semilla, Señor.
Y la semilla,
que está llena de vitalidad y potencial,
debe morir a ser semilla
para convertirse en planta y crecer.

Tu vida nos muestra
que es posible morir para vivir.
Entregar todo para ser para los demás...
Pura ofrenda y donación.

Enséñanos, Señor,
a entregar nuestra vida
al servicio del Evangelio
y de la vida de los otros.
Enséñanos a ser semilla
para dar frutos en abundancia.

Para crecer,
una semilla necesita
tierra buena y agua generosa.

Señor, tu vida nos muestra
que la mejor tierra
es la realidad de todos los días
y las necesidades de los otros;
nos llamas a plantar nuestra semilla
en las situaciones que vivimos,
en la vida que compartimos,
en la tierra de hoy, aquí y ahora.

Queremos ser semilla de cambio y Reino
en el mundo que vivimos,
¡ayúdanos Señor!

Tu ejemplo nos enseña
que el agua verdadera
es la que nace de la Palabra,
pozo de agua viva ofrecida para todos.

Enséñanos, Señor,
a regar nuestras semillas con tu Palabra.
Ayúdanos a conocerla,
muéstranos cómo saborear su mensaje,
para que impregne nuestra existencia
y que empape nuestro caminar.

Queremos ser semillas de cambio y Reino;
y necesitamos ser fecundados
por tu Palabra. ¡Ayúdanos Señor![2].

---

[2] Marcelo A. Murúa, *Vivir como semilla*, Buenasnuevas.com http://www. buenasnuevas.com/espiritualidad/oraciones/oracion-18.htm

GUÍA BÍBLICA N° 3

«El Dios de sonrisa tierna y generosa»
Sofonías 3:16-20

Preparación del ambiente

En este encuentro se hablará acerca de las imágenes que tenemos de Dios. Haremos un contraste entre las imágenes más populares y tradicionales (Dios anciano, juez, creador, omnipotente, omnipresente, serio, consejero y otras más) con la imagen poco conocida del Dios alegre, tierno, risueño y amistoso. Por lo tanto, se buscarán imágenes tradicionales de Dios; muchas de ellas serán fáciles de conseguir en sitios de Internet o en tiendas de artículos religiosos. Estas imágenes se pueden distribuir entre los participantes para que, en su momento, hagan algunos comentarios acerca de la imagen que se les entregó.

También, la persona coordinadora de la reunión debe llevar hojas en blanco (tamaño carta) y lápices para entregar a cada participante en la parte final del encuentro para un ejercicio de cierre.

¿Qué buscamos en este encuentro?

a. Considerar las formas tradicionales de como hemos imaginado a Dios (varón, anciano, blanco y poderoso) y los efectos para nuestra fe y nuestra vida en general.

b. Meditar en la necesidad de nuevas imágenes bíblicas de Dios que promuevan una espiritualidad más humana y saludable.

c. Pensar de qué manera la teología de la niñez nos ayuda a redescubrir el rostro alegre, tierno y cariñoso de Dios.

1. Antes de empezar la meditación bíblica:

Este encuentro se inicia con la lectura del siguiente *Salmo de la alegría*, escrito por el uruguayo Juan Damián[1]. Se encarga a una persona del grupo para que haga la lectura en forma pausada.

Suenan las lonjas,
suena el tambor,
baila la gente,
danza el corazón.
Toda alegría
es gloria al Señor.

---

[1] Juan Damián, *Salmo de la alegría*, Red de Liturgia del Consejo Latinoamericano de Iglesias, CLAI, en: http://www.clailiturgia.org/salmo-de-la-alegria-370.html

Palma en las manos,
ritmo en oración,
viento en el cuerpo,
vibra el corazón.
Estamos contentos,
contento está Dios.

Nadie está quieto,
todos somos son
tejido entre hermanos
con hilos de amor.
Estamos unidos,
unidos con Dios.

Ayer desaliento;
esperanza hoy,
masajeando sueños
el Reino animó.
Estamos luchando,
luchando con Dios.

2. Presentación general de la meditación bíblica:

La tradición cristiana nos ha transmitido diferentes imágenes de Dios. Ya sea por medio del arte llamado religioso, o por la literatura teológica, o por los sermones que escuchamos en las celebraciones dominicales, se nos han comunicado innumerables imágenes del rostro de Dios. Por lo general, las imágenes que hemos recibido muestran un carácter serio, un rostro adusto y una personalidad de un Dios adulto alejado de las risas y el bullicio de este mundo. Este Dios, poco sabe de alegría y de risas; pareciera ser un poco (a veces mucho) huraño e insociable... muy, muy adulto.

Ejercicio: antes de empezar la reunión se repartieron imágenes religiosas entre los participantes. Cada persona examina la imagen que le entregaron y, después de unos minutos, comenta ante el grupo qué imagen le correspondió y que ideas de Dios transmite esa imagen.

Pensamiento central:

La teología de la niñez está relacionada con una manera diferente de ver a Dios, de comprender su naturaleza y de relacionarnos con Él. En este sentido, es una teología que invita a una espiritualidad más humana y saludable; una teología que descubre rostros de Dios velados hasta hoy por la tradición religiosa.

3. *Proclamación de la Palabra:* Sofonías 3:16-20

Este es un texto muy corto, lo cual nos da la oportunidad de leerlo tres veces. Se pide a tres personas que lo lean, haciendo una pausa de unos segundos entre una persona y otra.

[16] Aquel día se dirá a Jerusalén:
«¡No temas, ciudad de Sión,
que no desfallezcan tus manos!».
[17] El Señor, tu Dios, está contigo;
él es poderoso y salva.
Se regocija por ti con alegría,
su amor te renovará,
salta de júbilo por ti.
[18] Alejaré de ti la desgracia,
el oprobio que pesaba sobre ti.

^{19} En aquel tiempo actuaré
contra todos tus opresores;
socorreré a los inválidos,
reuniré a los dispersos;
les daré fama y renombre
donde hoy son objeto de oprobio.
^{20} En aquel tiempo los haré volver
y, cuando los tenga reunidos,
les daré fama y renombre
en todas las naciones de la tierra;
ante sus propios ojos
cambiaré su suerte,
–oráculo del Señor–.

4. *Meditación participativa:*

Sofonías profetizó durante el reinado de Josías, aproximadamente siete siglos antes de Cristo. Su ministerio se desarrolló en una época muy turbulenta, tanto en lo político como en la vida religiosa del pueblo. La decadencia social había hecho que el pueblo anhelara una verdadera reforma espiritual. Las palabras de Sofonías representaban las palabras de Dios, pero también las de un pueblo deseoso de grandes cambios.

El capítulo 3 es el último del libro de Sofonías y en la segunda parte de ese capítulo se expresan las promesas para el pueblo de parte del Señor (3:19-20): anuncia la conversión de los gentiles y la renovación de Israel. Es en este contexto donde aparece nuestro texto que es un pequeño salmo de regocijo de parte de Dios. ¡Dios salta de alegría por todo lo que vendrá! En unas versiones de la Biblia se dice que *Dios se alegra,* en otras que *se regocija,* en otras que *se goza;* en fin, sea cual sea la versión, Dios aparece lleno de dicha y con el rostro radiante de satisfacción. ¡Qué imagen!

Con el ánimo de meditar en este Dios alegre, nos preguntamos:

a. De acuerdo con este breve texto de Sofonías, ¿cuál es la imagen de Dios que transmite el profeta?

b. En los capítulos anteriores Sofonías había usado términos muy punzantes en contra del pueblo, pero ahora, termina con un bálsamo de alegría que refresca el ánimo del pueblo. ¿Qué mensaje es el que finalmente desea dejar el profeta al mostrar a Dios lleno de esperanza y brincando de júbilo?

c. ¿Cuáles son algunas imágenes de Dios que necesitamos destacar hoy en los procesos de formación espiritual con la niñez y la juventud? ¿Recuerdan algunos textos bíblicos que podrían ayudarnos a descubrir esos otros rostros de Dios?

d. Ejercicio complementario para los días siguientes al encuentro: conversar con una niña o un niño y preguntarle cuáles son sus imágenes de Dios. El propósito no es corregir lo que ellos nos digan, sino que ellos nos corrijan y nos amplíen las posibilidades de pensar en los nuevos rostros de Dios.

5. Celebración de la Palabra:

Antes de terminar, se retoma la dinámica que se hizo al iniciar la reunión con las imágenes tradicionales de Dios. Ahora cada participante recibe una hoja en blanco y un lápiz para dibujar una imagen de Dios (una imagen no tan tradicional y conocida) para presentarle al grupo.

a. Cada persona presenta en breves palabras su dibujo.

b. El encuentro se termina leyendo al unísono el siguiente *Padrenuestro del buen humor*, escrito por Wanda Hernández, de Cuba:

Dios nuestro que estás en nuestras vidas,
santificada sea tu risa.
Venga a nosotros tu gozo.
Hágase tu buen humor
así en la alegría como en el dolor.
La sonrisa nuestra de cada día
ayúdanos a ofrecerla hoy,
y perdónanos nuestros malos humores
así como cuando contagiamos con ellos a los demás.
No nos dejes caer en la tentación,
más líbranos de la apatía,
porque tuya es la gracia y el poder de la alegría
por todos los siglos. Amén.

GUÍA BÍBLICA N° 4

«El niño y la niña que quisiéramos llegar a ser»

Marcos 10:13-16

Preparación del ambiente:

En este encuentro conversaremos y meditaremos acerca de la niñez como un modelo de transformación y cambio personal. Jesús dijo: «el que no reciba el reino de Dios como un niño, no entrará en él» (Marcos 10:15). Al parecer, no son los niños y las niñas los que han sido llamados a cambiar, sino nosotros los jóvenes y los adultos. ¡Eso parece decir Jesús!... ya veremos. Por lo tanto, para ambientar este encuentro, se escribirá en una cartulina visible para todos, el tema del encuentro: «El niño y la niña que quisiéramos llegar a ser».

Cuando vayan llegando los participantes, se les entrega una hoja en blanco y un lápiz para que escriban una palabra que exprese «un buen recuerdo de su infancia»; algo que recuerden gratamente. Esa palabra se presentará cuando se lo indique la persona coordinadora de la reunión.

¿Qué buscamos en este encuentro?

a. Caer en la cuenta del valor espiritual de la niñez como un modelo de transformación personal. Jesús nos invita a «ser como niños».

b. Considerar el ejemplo de Jesús en su trato para con las niñas y los niños de su tiempo en contraste con la actitud que tuvieron sus discípulos. Pensar en el modelo de Jesús como patrón de nuestros comportamientos con la niñez de nuestros días.

c. Reflexionar acerca del adultocentrismo y sus implicaciones para la vida social y el quehacer teológico.

1. Antes de empezar la meditación bíblica:

Empezamos con la siguiente oración escrita por Marcelo Múrua, de Argentina, titulada *Quiero seguir tus pasos*:

Buen amigo Jesús.
Me entusiasma la idea
de vivir como vos.
Quiero tenerte como modelo
para parecerme cada día
un poco más a tu persona
y así estar más cerca de Dios.
Vos pasaste haciendo el bien
revelando el verdadero rostro de Dios,
mostrando cómo vivir el amor,
ayudando a los necesitados,

perdonando y llamando a perdonar,
enseñando cómo rezar
y llamar Papá a Dios,
predicando el Reino de Justicia y Paz.
Quiero vivir siguiendo tu camino,
dame fuerzas para lograrlo.

2. Presentación general de la meditación bíblica:

Las niñas y los niños son metáforas del reino de Dios y, como tales, expresan un modelo de vida que todos deberíamos anhelar. En este encuentro meditaremos acerca de un conocido episodio bíblico en el que el Maestro nos dice: «En verdad os digo: el que no reciba el reino de Dios como un niño, no entrará en él» (Marcos 10:15). Siendo que se hablará de la niñez, la reunión se iniciará recordando la nuestra: cada participante muestra la palabra que escribió en la hoja que se le entregó al iniciar la reunión y dice algo acerca de esa experiencia de su niñez.

Pensamiento central:

Desde la perspectiva de Jesús, la niñez, más allá de ser una etapa determinada de la vida, es una condición espiritual que todos deberíamos anhelar. Ser como niños es una condición para disfrutar el reino de Dios. Visto así, entonces, es más lo que la niñez puede hacer a favor del mundo adulto (deshumanizado) que lo que los adultos pueden hacer a favor de la niñez.

79

3. *Proclamación de la Palabra:* Marcos 10:13-16

Leer el siguiente texto bíblico dos veces:

[13] Y le traían niños para que los tocara; y los discípulos los reprendieron. [14] Pero cuando Jesús vio esto, se indignó y les dijo: «Dejad que los niños vengan a mí; no se lo impidáis, porque de los que son como éstos es el reino de Dios. [15] En verdad os digo: el que no reciba el reino de Dios como un niño, no entrará en él». [16] Y tomándolos en sus brazos, los bendecía, poniendo las manos sobre ellos.

4. *Meditación participativa*

Observación general del texto bíblico: La escena de la gente trayendo las niñas y los niños ante un maestro o jefe de la sinagoga era común en aquel entonces. También los hijos pedían la bendición de sus padres y los discípulos de sus maestros. Obsérvese que el episodio inmediatamente anterior tiene que ver con el divorcio. En ese pasaje Jesús dignifica a la mujer recordando que el adulterio del hombre es una ofensa contra ella y no sólo contra otro hombre (10:11), y que también tiene, al igual que el varón, derecho al divorcio (10:12). Acto seguido, aparece el episodio de los niños en el que también se les concede un status de dignidad y respeto.

¿Por qué la actitud de los discípulos hacia las niñas y los niños? No dijeron nada cuando se acercaron las personas ritualmente impuras, tampoco cuando llegaron los endemoniados. ¿Por qué ahora sí? El texto no dice nada acerca de esta actitud, pero lo más seguro es que tiene que ver con la idea de la *pequeñez* asociada a la insignificancia. El ambiente del pasaje es de suma tensión. Ésta es la única vez en todo el Nuevo Testamento donde se dice que Jesús se indignó. Esta indignación está dirigida contra sus discípulos. Es la única vez que se enoja en público con ellos.

Jesús rectifica y dice que las niñas y los niños, lejos de ser insignificantes, son los herederos del Reino. El Maestro afirma también que los más pequeños son el modelo para los que han de recibir el reino de Dios. Nótese, finalmente, el trato cariñoso de Jesús hacia las niñas y los niños. El pasaje de Marcos usa tres verbos para describir este trato: *abrazar, bendecir* y *poner* (10:16). Jesús demuestra tener hacia los niños y las niñas un trato diferente al que le dan los discípulos y les asegura de esa manera un lugar importante dentro de la comunidad de fe.

Ahora, nos preguntamos:

a. ¿Qué nos llama la atención de las actitudes y de las palabras de Jesús? ¿Cuál es su mensaje acerca de la niñez? ¿Qué pensamos de las actitudes de los discípulos?

b. ¿Qué quiere decir Jesús con «el que no reciba el reino de Dios como un niño, no entrará en él»?

c. A la luz de este texto bíblico, qué opinamos de la siguiente frase: «El adultocentrismo se traduce en interacciones autoritarias de parte de los adultos, que presentan posturas rígidas y escasos recursos psicosociales para relacionarse con los más jóvenes, y ni qué hablar de los efectos de la matriz adultocéntrica para los modelos educativos, la vida familiar, la organización social y la espiritualidad cristiana».

5. *Celebración de la Palabra:*

Esta reunión termina, primero con la lectura pausada del poema del colombiano Jairo Anibal Niño. Después, cada persona escribe una oración respondiendo a la pregunta: ¿qué quiere ser cuando sea niño o niña? Primero el poema:

Usted
que es una persona adulta
−y por lo tanto−
sensata, madura, razonable,
con una gran experiencia
y que sabe muchas cosas,
¿qué quiere ser cuando sea niño?

PARTE PASTORAL

El resto del material

MIENTRAS LA VIDA SIGUE SU CURSO

Niñez, familia y formación teológica

A Joyce Cope de Wyatt[1]

Suele sucedernos que al pensar en un centro de formación teológica, lo que primero viene a la mente es un complejo arquitectónico, con algunos edificios, aulas de clase, una deslumbrante biblioteca, docentes y personal administrativo al servicio de una institución educativa formal. De esta idea somos culpables quienes con nuestros hechos, palabras y actitudes hemos

---

[1] Joyce Cope de Wyatt fue profesora de educación cristiana y psicología pastoral en el *Seminario Teológico Bautista Internacional* de Cali, Colombia (hoy Fundación Bautista Universitaria). Con su esposo Roy Wyatt y sus hijos, trabajó en Colombia más de 30 años como misionera (docente, predicadora, conferencista y maestra bíblica) de la Junta de Misiones Extranjeras de la Convención Bautista de los Estados Unidos.

hecho creer que la formación teológica pertenece de manera exclusiva a los seminarios, institutos y a otros pocos centros educativos. En este limitado concepto de formación teológica, teólogo y teóloga es quien ha estudiado en un centro educativo y ha obtenido un grado académico que lo acredita como profesional en el área, y la teología queda así reducida a un mero asunto académico que pertenece a una élite privilegiada.

La Reforma Protestante, ya desde sus inicios, quiso recuperar la enseñanza neotestamentaria acerca del *sacerdocio universal de todos los creyentes*, según la cual todos los seguidores de Jesús somos ministros del evangelio y, por lo tanto, tenemos la capacidad de relacionarnos con Dios directamente, sin intermediarios humanos, y de pensar en el contexto de la comunidad de fe lo que significa seguir a Jesús y proclamar su mensaje. Para Lutero, todo cristiano es un sacerdote y todo empleo u oficio es una vocación que proviene de Dios y una forma de servicio a Dios y al prójimo. Enseñaba el reformador alemán que «todos los cristianos son sacerdotes, y todas las mujeres sacerdotisas, jóvenes o viejos, señores o siervos, mujeres o doncellas, letrados o laicos, sin diferencia alguna»[2]. Si todos los creyentes son sacerdotes y ministros, «entonces la educación teológica no puede limitarse a una élite clerical a la cual le es encomendada la tarea de pensar por los demás»[3].

Esta perspectiva del pueblo sacerdotal no desconoce, de ninguna manera, el invaluable papel de la teología como disciplina de estudio formal[4] y la labor metódica y sistemática

---

[2] Citado por Juan Stam, *Sobre la teología de los reformadores. Unas reflexiones*, en *Haciendo teología en América Latina* I, Misión Latinoamericana-Visión Mundial-Fraternidad Teológica Latinoamericana-Universidad Bíblica Latinoamericana, Guatemala 2004, p. 245.

[3] René Padilla, en *Nuevas alternativas de educación teológica*, Nueva Creación, Buenos Aires 1986, p. 6.

[4] Según Paul Tillich, la teología es «... la ciencia en la cual la Iglesia expone el contenido de su mensaje críticamente, esto es, midiéndolo por medio de las Sagradas Escrituras», citado por Alberto Roldán, en ¿Para qué sirve la teología?, FIET, Buenos Aires 1999, p. 25-26.

de los teólogos y teólogas de profesión[5], de los que, por cierto, tanta necesidad se tiene en la Iglesia de hoy.

Al afirmar la *dimensión popular* del quehacer teológico –la que incluye a todo el pueblo de Dios– se busca animar a toda la Iglesia a involucrarse en la exigente *disciplina espiritual* de relacionar aquello que decimos creer con lo que en realidad vivimos; a poner en diálogo crítico los viejos credos de ayer con los nuevos acontecimientos de hoy; a situar nuestra existencia histórica a la luz de la fe y a buscar la pertinencia histórica de la fe para cada generación. Y este ejercicio de fe es tan apremiante que no debemos dejarlo en el terreno exclusivo de los expertos. Es una labor necesaria, además de inevitable.

José Míguez Bonino, en mi opinión el más destacado teólogo protestante latinoamericano del siglo XX, dice: «La teología es necesaria: sin un conocimiento más profundo y coherente de la doctrina cristiana mal se puede enseñar, predicar, evangelizar, traducir la fe en acción. Pero, además de necesaria, es inevitable: cada vez que, como creyentes, abrimos la boca, aunque sea sólo para leer un texto, estamos incluso en las palabras que realzamos en la simple lectura, interpretando, diciendo algo de Jesucristo, de Dios, de la fe, de la iglesia, de la salvación, algo que es bueno o malo, verdadero o distorsionado, constructivo o negativo, claro o confuso, oportuno o desubicado. No podemos evitarlo: y es una grave responsabilidad. La teología es un instrumento indispensable, que todos usamos»[6].

Si, como dice Míguez, hacemos teología aun cuando ni siquiera sabemos que la estamos haciendo, vale, entonces, preguntar ¿cuáles son, además de la iglesia, las otras instancias donde sucede la labor teológica? Aquí, por razones de espacio

---

[5] Cf. Leonardo Boff y Clodovis Boff, *Cómo hacer teología de la liberación*, Ediciones Paulinas, Bogotá 1986, 20-23.
[6] J. Míguez Bonino, en A. Roldán, *op. cit.*, p. 12.

y de propósito señalaremos una que es obvia: la casa o el hogar (entendido en sus diferentes modelos). En el seno espontáneo del hogar, en ese ambiente desprovisto de los cánones rigurosos de la academia, se hace la *inevitable teología*. En muchos casos, la *magna teología*. En *la casa* es donde surgen, se desarrollan y se reproducen las primeras afirmaciones de la fe. En muchos casos, esas afirmaciones serán las declaraciones y vivencias más elocuentes que tiempo después repercutirán en la vida adulta. Entre los juegos, las bromas y las conversaciones francas se hace la *teología casera*.

El testimonio del Antiguo Testamento reseña la manera como se producía una parte de la teología entre el pueblo de Israel:

«Escucha Israel: El Señor nuestro Dios es el único Señor. Ama al Señor tu Dios con todo tu corazón y con toda tu alma y con todas tus fuerzas. Grábate en el corazón estas palabras que hoy te mando. Incúlcaselas continuamente a tus hijos. Háblales de ellas cuando estés en tu casa y cuando vayas por el camino, cuando te acuestes y cuando te levantes. Átalas a tus manos como un signo; llévalas en tu frente como una marca; escríbelas en los postes de tu casa y en los portones de tus ciudades» (Dt 6: 6-9).

Una instrucción que implicaba mucho más que simples repeticiones. Se exigía más que la memoria porque implicaba la asimilación de la Ley de Dios y la consideración atenta de sus repercusiones en la vida práctica. Son versículos breves que sirven como punto de partida de la enseñanza sobre la justicia social, la espiritualidad y la ética, entre otros aspectos sustanciales para la vida del pueblo. Edesio Sánchez señala que en este pasaje «nos ofrece entretejidos de manera magistral, el *qué* y el *cómo*, el contenido y el proceso de la enseñanza. En el pasaje encontramos *el sujeto*: los padres; *el receptor*: los hijos; el contenido: "estas palabras"; *el lugar*: el hogar; *el tiempo*: toda la actividad humana habitual; *la forma*: la comunicación oral, escrita y práctica»[7]. Es un texto que ofrece perfecto balance entre el *contenido* y el *lugar* del quehacer teológico, es decir, entre la centralidad de la ley de Dios como referente privilegiado del pensar teológico y el hogar y la cotidianidad como los espacios preferenciales para hacerlo.

El pueblo de Dios en el Antiguo Testamento hizo teología mientras caminaba, hablaba, discutía, dormía y se levantaba. La vida era el escenario de las acciones de Dios y por lo tanto, mientras ella trascurría, se pensaba la fe y se descubrían las relaciones que ella tenía con toda la existencia. Era, además, un proceso que involucraba todo el ser: corazón, alma y fuerzas. Era una teología integral e integradora de la vida.

Estos antiguos principios formativos y estas viejas maneras de construir el conocimiento fueron muchos siglos después enunciados en su formato erudito por el pedagogo y filósofo estadounidense John Dewey (1859-1952), fundador de la llamada *educación progresista*, quien afirmaba que la educación recibida en las instituciones escolares representaba una mínima parte de la educación global. Para él, existen múltiples formas de *educación indeliberada* puesto que *toda la vida educa*. «Se aprende», dice Leonardo Boff, «no sólo en la escuela. Se aprende durante toda la vida y mediante todas las formas de vivir»[8].

Si hablamos de la formación espiritual y de la educación teológica, todo lo dicho antes adquiere mayor sentido. En América Latina, por ejemplo, resulta fácil comprobar la importancia decisiva que ha tenido el hogar como centro de formación –y, en muchos casos, de *deformación*– teológica. En el

[7] Edesio Sánchez C., *Deuteronomio*, en *Comentario Bíblico Iberoamericano*, C. René Padilla, Moisés Silva y Luciano Jaramillo (eds.), Ediciones Kairós, Buenos Aires 2002, 194.

[8] Leonardo Boff, *Prólogo*, en Hugo Assmann, *Placer y ternura en la educación*, Narcea S.A. de Ediciones, Madrid 2002.

ambiente de la familia y mientras la vida trascurre se aprende de manera «no intencionada» acerca de la trascendencia, de Jesús, de los ángeles y de los demonios; se es adoctrinado para temer al purgatorio, para rezar a los santos y para rechazar al diablo. Católicos y protestantes repiten sus respectivos catecismos, celebran sus fiestas religiosas y reproducen una fe que en la práctica social sigue sirviendo para poco. De la mano de los adagios populares se reciben las primeras intuiciones teológicas que nos hicieron relacionar más mal que bien la fe con la vida. Se aprende, por ejemplo, que «Dios le da pan al que no tiene dientes», que «Dios no castiga ni con palo ni con rejo», que los logros llegan siempre que estemos «a Dios orando y con el mazo dando». Y muchos más con alto –a veces ofensivo– contenido teológico: «A quien Dios no le dio hijos, el diablo le dio sobrinos», «Dios aprieta pero no ahoga», «Cuando Dios no quiere, los santos no pueden», «El hombre propone y Dios dispone», «A golpes se hacen los santos», «Cuando el diablo envejece se vuelve monje», o este otro «La cruz en los pechos y el diablo en los hechos».

El refranero popular es también catecismo. Entre frases de las abuelas y dichos de los vecinos se intuyen imágenes de Dios que definen las bases de la religiosidad popular latinoamericana y que, en muchos casos, mantienen plena vigencia durante la vida adulta. Por estos caminos informales de la educación llegan las primeras percepciones teológicas. En el caso particular de los hogares protestantes, aunque el *refranero religioso* no goza de tanta autoridad (por aquello de que se sospecha de todo aquello que no tenga respaldo literal en la Biblia), su lugar lo ocupan las *frases sueltas* de los maestros y maestras de la Escuela Bíblica Dominical, los *versículos áureos* que se repiten en el hogar y en la Iglesia, los dibujos que acompañan las lecturas bíblicas infantiles, las amenazas bienintencionadas de los padres y las madres a la hora de imponer la disciplina o de forzar las prácticas espirituales. Dichos y hechos, consentimientos y sentimientos que moldean las maneras de imaginar a Dios, de leer las Escrituras, de celebrar la fe y de estructurar la vida.

Desde los primeros años *se hace teología* y, en la mayoría de casos, fuera de la Iglesia y lejos de los centros formales de educación religiosa. De ahí el valor que tienen el hogar, el vecindario y la familia extendida, entre otros espacios formativos primarios, para la conceptualización y la vivencia de la fe. A esto seguramente se refería el apóstol Pablo cuando elogiaba la fe de Timoteo, la que había sido alimentada y cuidada desde temprana edad: «trayendo a la memoria la fe no fingida que hay en ti, la cual habitó primero en tu abuela Loida, y en tu madre Eunice, y estoy seguro que en ti también» (2 Timoteo 1:5). Mejor ejemplo aún el que se lee acerca de Jesús en Lucas 2:41-50:

Los padres de Jesús subían todos los años a Jerusalén para la fiesta de la Pascua. Cuando cumplió doce años, fueron allá según era la costumbre. Terminada la fiesta, emprendieron el viaje de regreso, pero el niño Jesús se había quedado en Jerusalén, sin que sus padres se dieran cuenta. Ellos, pensando que él estaba entre el grupo de viajeros, hicieron un día de camino mientras lo buscaban entre los parientes y conocidos. Al no encontrarlo, volvieron a Jerusalén en busca de él. Al cabo de tres días lo encontraron en el templo, sentado entre los maestros, escuchándolos y haciéndoles preguntas Todos los que le oían se asombraban de su inteligencia y de sus respuestas. Cuando lo vieron sus padres, se quedaron admirados.

–Hijo, ¿por qué te has portado así con nosotros? –le dijo su madre–. ¡Mira que tu padre y yo te hemos estado buscando angustiados! –¿Por qué me buscaban? ¿No sabían que tengo que estar en la casa de mi Padre? Pero ellos no entendieron lo que les decía.

Así que Jesús bajó con sus padres a Nazaret y vivió sujeto a ellos. Pero su madre conservaba todas estas cosas en el corazón. Jesús siguió creciendo en sabiduría y estatura, y cada vez más gozaba del favor de Dios y de toda la gente.

En este caso, la formación teológica del niño de Nazaret –la que se ganó la admiración de los encumbrados doctores de Jerusalén– mana natural, espontánea y familiarmente. Entre el algarabío de la caravana de peregrinos, la lealtad a las tradiciones religiosas, los debates de los maestros de la ley y los reclamos de José y María, crece la fe del pequeño Jesús y madura su forma de relacionar esa fe con su vida diaria. Jesús afirma su individualidad como persona humana que tiene criterios y toma decisiones («¿No sabían que tengo que estar en la casa de mi Padre?»), que tiene inquietudes y lanza cuestionamientos («sentado entre los maestros, escuchándolos y haciéndoles preguntas»), que asombran con su sagrada curiosidad a los expertos de la ley y logra confundir con sus actitudes a papá y mamá («ellos no entendieron lo que les decía»). ¡Supremo ejemplo de formación teológica desde temprana edad!

Decir formación teológica, entonces, es apelar a la formación integral para la vida comprendida y confrontada desde la perspectiva particular de la fe, en nuestro caso de la fe cristiana. Esa educación comienza en la casa, se desarrolla en el vecindario, florece en la comunidad de fe y se pone a prueba en cada circunstancia diaria. Es una formación que fluye sin la rígida programación de la escuela y sin los cánones escritos de la religión institucionalizada.

Y en este proceso, el hogar debe figurar como actor central. De lo contrario la teología seguirá siendo asunto de intelectuales de la fe que elucubran pensamientos profundos en una isla del saber, atractiva, pero distante.

La propuesta es, por lo tanto, hacer teología desde la cotidianidad. Esto significa pensar la fe en medio de las relaciones interpersonales de cada momento, entre los afanes de la existencia, mientras transcurre la jornada diaria, en el momento en que surgen los interrogantes y las dudas, en fin, cuando se está fuera del templo pero no fuera de la vida. Y en esta dinámica emocionante de reflexionar mientras se actúa –y sobre lo que se actúa–, el hogar debería ocupar un puesto de honor. Si la teología es inevitable y si todo educa, entonces, la urgente tarea de formar una nueva generación de cristianos, maduros en su fe, profundos en sus convicciones y fieles a su vocación de servicio en el mundo, es también responsabilidad de los hogares. Es cierto, la teología comienza en casa.

QUE LOS NIÑOS Y LAS NIÑAS CREZCAN, COMO CRECÍA JESÚS

Acercamiento pastoral a Lucas 2: 52

Manfred Grellert y Harold Segura C.

Jesús es nuestro maestro y modelo. Como maestro nos enseñó el camino de la vida plena; como modelo nos demostró con su experiencia de vida en qué consise esa plenitud. Por lo tanto, si buscamos saber en qué consiste una existencia realizada y plena, debemos fijar nuestra mirada en Él. El apóstol Pablo nos anima a procurar el ideal de «*una humanidad perfecta que se conforme a la plena estatura de Cristo*» (Ef 4:13)[1]. Jesús es esa medida de perfección.

---

[1] Las citas bíblicas son tomadas de la Nueva Versión Internacional (NVI), excepto cuando se haga referencia directa a otra versión.

Modelo de humanidad

Pero bien, cuando se afirma que Jesús es el *modelo de humanidad* se acepta esa premisa dando por sentado que nos referimos al Jesús adulto, o al joven adulto; al Maestro de Nazareth, al de los diálogos en el camino hacia Samaria, al de los milagros junto al Mar de Galilea, al valiente contradictor de los poderosos, al sufriente del Gólgota, en fin, al que nos presentan los evangelistas después de que el Padre confirmara su vocación en el Jordán. La tradición espiritual cristiana, cuando nos anima a seguir a Jesús, casi siempre se refiere al Jesús de casi treinta años de edad. ¿No es verdad? Pero ¿qué decir del niño Jesús? ¿También él es modelo de vida y de desarrollo? ¿También a él debemos seguirlo? Creo que sí; no me queda duda, sobre todo cuando los evangelistas, en especial Mateo y Lucas, dedican varios capítulos para mostrarnos al detalle la *grandeza de su pequeñez*. Para Ana y Simeón, el Jesús al que sirvieron y adoraron fue el pequeñito que llevaron en brazos al Templo de Jerusalén. De Ana se dice que «daba gracias a Dios, y hablaba del niño a todos los que esperaban la redención de Jerusalén» (Lc 2:38).

Nuestra espiritualidad evangélica tiene una gran deuda con el modelo del niño Jesús como referente de vida cristiana; tarea que haríamos bien en pagar en estos años siguientes. Por ahora, exploremos –entre los múltiples acercamientos que pudiéramos hacer «al niño»– las implicaciones de su modelo de desarrollo humano. Estas primeras intuiciones abren un amplio camino para comprender de qué manera pueden nuestras iglesias servir a la niñez de manera más integral y procurar su *vida en abundancia* (Jn 10:10). ¿Acaso no es así –con sentido holístico y humanizador– como se cumple la *Misio Dei* (la misión de Dios)?

Sin la especulación de los Apócrifos

Nos detendremos en Lucas 2:52 como fundamento del paradigma de desarrollo de Jesús tal cual lo describe el evangelista: *«Jesús crecía en sabiduría, estatura, gracia con Dios y gracia con la comunidad»*. El modelo de desarrollo humano de Jesús se proyecta hacia cuatro dimensiones integradas: sabiduría, estatura, gracia con Dios y gracia con la comunidad. Lucas, en su segundo capítulo, presenta a Jesús hasta la edad de doce años. En honor a la verdad es poco lo que dice de la infancia de Jesús, como poco lo que dicen los demás evangelistas. También ellos se detuvieron en el ministerio adulto, en la pasión, muerte y resurrección, dejando «en oculto» los años de su infancia y su niñez. Quizá esta sea la razón por la cual los evangelios apócrifos[2] hayan hecho de esos años terreno fértil para su producción. Baste conocer lo que se dice del niño Jesús, por ejemplo, en el *Evangelio de la infancia de Tomás*, o algunas novelas reconocidas por su imaginación especulativa.

Pero, así como es cierto que los Evangelios dicen poco, también es cierto que lo que dicen es de enorme significado e importancia. El niño Jesús se nos presenta siempre cercano a sus padres y participando de los ritos de la fe judía: fue circuncidado a tiempo (2:21) y presentado en el Templo conforme a la ley (2:22). A estas prácticas ordinarias se añaden dos sucesos extraordinarios: la confirmación de su vocación mesiánica por parte de dos venerables ancianos, Simeón (2:25-28) y Ana (2:36-38), y el encuentro del niño con los maestros de la ley, quiénes se asombraron con la inteligencia del muchacho (2:46-47). Sea como sea, Lucas se distancia del abuso de los escritos apócrifos; nada de milagros extravagantes que restaran fuerza al hecho de presentarlo como un muchacho común

---

[2] El término se utiliza para referirse a libros que no se incluyen dentro del canon de la Biblia.

y corriente, mas destinado por Dios Padre para una misión singular. Como uno más entre los muchachos, el evangelista dice también que Jesús pertenecía a una familia que vivía en condiciones de pobreza; hecho que se deduce de la ofrenda que entregaron sus padres el día de la presentación en el Templo: *«un par de tórtolas o dos pichones de paloma»* (2:24) y no un cordero de un año. Dieron la *ofrenda de los pobres* (Lv 12:6-8).

Bien sabemos que Lucas era médico y por eso tienen tanto valor sus descripciones acerca del crecimiento de Jesús. Dice que «...*el niño crecía y se fortalecía; progresaba en sabiduría, y la gracia de Dios lo acompañaba»* (2:40). Cosas parecidas se dicen acerca de Samuel (1S 2:21) y de Juan el Bautista (Lc 1:80), lo cual ubica a Jesús dentro de la gran tradición de los profetas bíblicos. La palabra *«crecía»* (en griego: *auxáno* [ηυξανεν]) se puede traducir también como *«engrandecía»* y hace referencia al desarrollo orgánico –o en años de vida– propio de un niño[3]. Tiene que ver con el despertar natural de la vida, con aquello que sucede como parte de la gracia natural de Dios cuando el niño disfruta de condiciones de amor, cuidado y atención. De ese amor gozó Jesús por parte de sus padres y allegados.

Lucas añade que el niño *«progresaba en sabiduría, y la gracia de Dios lo acompañaba»*. Todo esto hace alusión a una relación saludable con Dios Padre y con un aprendizaje de las Escrituras, lo cual era muy natural dentro de toda familia judía. En el caso de Jesús, los signos de la presencia de Dios eran evidentes a los ojos del pueblo. La gracia de Dios estaba con él a pesar de las condiciones externas desfavorables (persecución y migración) y de las limitaciones materiales que rodearon su vida. Aunque estas *condiciones* no siempre fueron adecuadas, sus *convicciones* de fe y de vida se fortalecieron con el paso del tiempo, confiando en la voluntad de Yahvé y seguro de que su presencia lo acompañaba.

---

[3] Gerhrad Kittel y otros, *Compendio del diccionario teológico*, Libros Desafío, Grand Rapids 2002, p. 306.

Crecía en todo

Pero hay otro texto del mismo evangelista que nos abre una ventana aún más amplia al Jesús de doce años de edad (Lc 2:52): *«Jesús siguió creciendo en sabiduría y estatura, y cada vez más gozaba del favor de Dios y de toda la gente»* (NVI). O en otra versión: *«Jesús progresaba en sabiduría, en estatura y en gracia ante Dios y ante los hombres»*[4]. Esta es una frase que indica *crecimiento armónico* y que muestra un proceso dinámico en el cual la persona construye y, a su vez, es construida. En alguna medida este versículo evoca lo que se dice acerca de Samuel (1S 2:21) y lo que se enseña en Proverbios acerca del desarrollo personal (Pr 3:4). Lucas deja, pues, bien claro, que Jesús fue un ser humano –verdad, muchas veces y de muchas formas, negada– que se asemejaba en sus experiencias esenciales (Hb 2:17) a las que atraviesa toda persona durante su desarrollo físico y psicosocial.

En este segundo texto (2:52), aunque aparece la misma palabra *«crecía»* que se usa en 2:40, en el original del idioma griego se usa un término diferente. La palabra que se emplea ahora es *prokopto* [προεκοπτεν]. En el primero se refiere más al desarrollo cronológico, y en el segundo al progreso o al avance integral (holístico) que sucede como resultado del esfuerzo propio, del compromiso con el desarrollo por parte de su comunidad más cercana, y de la gracia de Dios.

Quizá la novedad principal que introduce este texto de Lucas es la presentación del desarrollo integral de Jesús en cuatro dimensiones: *«en sabiduría»*, en *«estatura»*, en el *«favor de Dios»* y también en el favor *«de toda la gente»*. Este es un desarrollo que involucra tanto la dimensión *biológica*, como también la *psicológica*, la *social* y la *trascendente*[5]. Esta última relacionada

---

[4] Biblia de Jerusalén, 1984.
[5] La dimensión trascendente, o la que está «más allá» o exterior a algo, es la que comúnmente se conoce también como «dimensión espiritual».

con los valores, la religión y la espiritualidad. El desarrollo intelectual, físico, espiritual y social, se encuentran aquí formando una unidad inter-relacionada. La clásica división de mente, cuerpo y alma, o la más moderna de desarrollo *físico, mental, social* y *espiritual*, se agrupan en un solo conjunto para demostrar el desarrollo de Jesús.

Que el muchacho crecía «*en sabiduría*» hace referencia, teniendo en cuenta el contexto de la cultura hebrea, a aquel saber que viene como resultado del *temor de Dios* (Pr 1:7). Para los judíos, la sabiduría procedía de la consideración de la voluntad de Dios como la norma para ordenar el estilo de vida. Esa sabiduría se relacionaba con los valores de la vida diaria y con la formación del carácter de cada persona. Era una sabiduría distinta a la pregonada por los griegos, la cual se reducía a la cognición o saber académico. Es muy probable que Jesús haya crecido en sabiduría como resultado de su permanente contacto con las Escrituras, las que escuchaba, meditaba, memorizaba y vivía. Es casi seguro que, como todo buen joven judío, sabía de memoria muchos textos de los Salmos, del Deuteronomio y del profeta Isaías. Ya sabemos que esos textos fueron citados con frecuencia durante su ministerio, junto con otras partes de los libros sagrados. En este sentido, la sabiduría es más que conocimiento intelectual, aunque éste no se invalida, sino que por el contrario, se presupone. Es, en síntesis, un desarrollo holístico entre lo intelectual y lo moral; entre lo cognoscitivo y lo valórico[6]. Es vivir sana y sabiamente, en orden con el diseño de Dios para la vida humana. Jesús crecía, además, en «*estatura*», lo que significa cuidado del cuerpo y la promoción intencionada de su salud. Como para todo ser humano, este desarrollo implica nutrición saludable, abrigo y recreación, entre otras condiciones. Lucas da a entender que Jesús cuidaba su cuerpo y lo protegía como don de Dios y bien excepcional.

---

[6] Que tiene que ver con los valores éticos o morales, formadores del carácter.

También crecía en «*gracia ante Dios y ante los hombres*». Nos encontramos aquí con dos dimensiones que, aunque relacionadas entre sí, tienen su propia definición. La primera parte se relaciona con el conocimiento de Dios y con la relación amistosa y amorosa que se iba desarrollando entre Jesús y su Padre. Sorprende, en este sentido, la argumentación que el pequeño Jesús –de doce años– le presenta a José y a María cuando lo encuentran en el Templo: «*¿No sabíais que en los negocios de mi Padre me es necesario estar?*», como si hubiera establecido prioridades en su *sentido de vida* y en su *proyecto de misión*. ¡Muy joven aún para estos avances! En cuanto a la segunda parte, la que se refiere al crecimiento «*ante los hombres*» bien pudiera referirse a lo que hoy se denomina como desarrollo afectivo-social, incluida la gracia de que Jesús gozaba por parte de la gente con quien convivía (familia, amigos, vecinos, paisanos y otros).

Ser humano integral e indivisible

Valga agregar que tras las breves referencias evangélicas a la infancia de Jesús, debida cuenta de las que presenta Lucas, hay una visión del ser humano (antropología) influenciada por la cultura hebrea. Este elemento podría ayudar a configurar la comprensión o los imaginarios que hay en la Biblia acerca de la infancia y, por ende, ampliar la comprensión de las cuatro dimensiones del desarrollo de Jesús[7].

Para los hebreos el ser humano es comprendido como persona (sin la carga individualista de la mentalidad moderna). Esa persona es una *unidad* integrada por el corazón (interioridad) y el cuerpo (exterioridad), y sin la posibilidad de que ellas puedan separarse. No se puede separar lo interior (lo oculto) de

---

[7] Para un mejor desarrollo del tema, cf. Francisco Reyes Archiva, *Para reimaginar la infancia*, en *Imágenes de la infancia y protagonismo infantil*, Cuadernos de Estudio # 35, CELADEC, Bogotá 2001, pp. 54-60.

su manifestación externa. La psique tiene una dimensión corporal o somática (externa) y, al mismo tiempo, una dimensión que tiene que ver con las emociones (emotiva), con los afectos (afectiva), con el intelecto (intelectual) y con la voluntad y el carácter (volitiva)[8]. Tenemos, entonces, que cuando Lucas presenta el crecimiento de Jesús en los cuatro aspectos ya vistos, estos se constituyen en una unidad que, aunque pueden diferenciarse, no se pueden separar, a no ser que se atente contra esa forma hebrea de concebir al ser humano como un ser *uno* e *indivisible*. Las dimensiones intelectual-cognoscitiva, afectiva, religiosa y la que tiene que ver con el desarrollo de la voluntad (volitiva) forman parte del *corazón*; y éstas son inseparables del *cuerpo* que comprende las dimensiones: biológico-somática, de la motricidad y de la sociabilidad.

Con espíritu de Misión

Resta agregar algunas consideraciones de orden pastoral –siempre pensando en nuestra misión cristiana– acerca de Jesús como nuestro modelo de desarrollo integral de la niñez, la adolescencia y la juventud. En síntesis:

Jesús es el mejor modelo de plenitud humana. Así lo ha reconocido por siglos la tradición cristiana cuando se ha referido a Él como el *hombre nuevo y modelo de humanidad*[9]. La meta de todo ser humano es alcanzar *la estatura de Jesucristo* o, como dice el apóstol Pablo, avanzar hacia «*una humanidad perfecta que se conforme a la plena estatura de Cristo*» (Ef 4:13). Esta vida plena está asociada al reino de Dios. Nuestra causa es ese Reino y por tal motivo el Señor nos invita a trabajar

---

[8] *Ibid.*, 54-55.
[9] Ignacio fue el primero en usar esa expresión, siglos después recogida también por Karl Barth. Para profundizar en el tema, cf. Jorge León, *¿Es posible el hombre nuevo?*, Ediciones Certeza, Argentina 1979, pp. 37-59.

con las niñas y los niños en procurar su bienestar y el de sus familias y comunidades, en su empoderamiento[10] como agentes de transformación, en relaciones saludables, en comunidades interdependientes y fortalecidas, y en estructuras y sistemas nuevos. La atención para el desarrollo integral empieza, no sobra decirlo, con el cuidado del cuerpo. Para los infantes en condición de pobreza –como son la mayoría en nuestro continente– esto significa que vivan la primera infancia con salud integral, con ternura y gozando del cuidado de sus padres, con acceso a los sistemas de salud y a una educación de calidad. La educación integral para la vida forma el corazón, cuida el cuerpo y adiestra las manos. Quienes buscamos este modelo formativo debemos velar para que todos los niños/as y los jóvenes puedan disfrutar de una escuela adecuada, de hogares estables y de iglesias que formen corazones. Si la sabiduría es más que la inteligencia, el acceso a una escuela funcional es una prioridad.

También, la plenitud, según el modelo de Cristo, no consiste sólo en un determinado grado de madurez psicológica, ni de bienestar físico, ni de óptimas condiciones socioeconómicas. Esta plenitud tiene que ver con la dimensión espiritual (trascendente), que incorpora valores de vida y desarrolla el *carácter* de acuerdo con la voluntad del Creador. No hay desarrollo integral ni vida plena sin confianza en Dios que es la que otorga a la vida sentido, significado y verdad. La plenitud es asunto de *convicciones* y no sólo de *condiciones*. Es una plenitud que no se puede colmar con ningún derroche de alimentos, ni desproporción de condiciones materiales, ni exceso de poder.

---

[10] Acogemos la definición de **empoderamiento** ofrecida por Lisa Veneklasen, del Banco Mundial: «Es un proceso de potenciación de capacidades de los niños y niñas –físicas, psicológicas, socioeconómicas, espirituales y políticas– para el ejercicio de las libertades, para la toma de decisiones y acciones que afectan su vida individual y colectiva».

Va más allá; «sobrepasa todas las consideraciones de naturaleza biológica, económica o de bienestar»[11].

Éste es el «diferencial cristiano» para trabajar en el desarrollo de la niñez: la perspectiva holística –o integral– que no reduce a la niña o al niño a un mero objeto de lástima asistencialista, sino que lo acepta como ser humano creado a imagen y semejanza de Dios y sujeto participante de su propia transformación. Es más que un ser necesitado de alimento, salud y escuela. Tiene sed de vida plena, de trascendencia, de Dios. Ansía crecer en todo, como crecía Jesús.

---

[11] Philippe B. Kabongo-Mbaya, *La vida en abundancia. Una reflexión bíblica de Juan 10:10*, Alianza Reformada Mundial, en: http://www.warc.ch/24gc/study/01-s.pdf

«LA INFANCIA DE JESÚS»... Y LA ADULTEZ DE RATZINGER

El libro de Joseph Ratzinger *La infancia de Jesús[1]*, se publicó a finales del 2012. Ya sabíamos de los dos tomos anteriores titulados *Jesús de Nazaret*. En el proemio se aclara que «No se trata de un tercer volumen, sino de algo así como una antesala a los dos volúmenes precedentes sobre la figura y el mensaje de Jesús de Nazaret».

Lo leí con avidez, sobre todo por mi interés en la infancia (de Jesús y en general de la infancia en la Biblia), en la teología de la niñez y por el respeto que me inspira Ratzinger como escritor y teólogo. Las diferencias que pueda tener con algunos

---

[1] Joseph Ratzinger, *La infancia de Jesús*, Planeta, Buenos Aires 2012.

de sus planteamientos prefiero tratarlas de otra forma que no sea desconociendo la altura de su carrera teológica.

Es un libro corto, de 136 páginas, escrito en un lenguaje que se adecúa muy bien a públicos no especializados. Se divide en cuatro capítulos siguiendo el orden cronológico de las narraciones bíblicas, desde las genealogías de Jesús, el anuncio del nacimiento de Juan el Bautista hasta la visita de los Magos de Oriente y la huída a Egipto.

Desde las primeras líneas del texto se anuncia que es un trabajo de interpretación de los principales textos bíblicos de la infancia de Jesús. Por cierto, una interpretación ceñida a criterios ortodoxos en los que el exégeta se pregunta primero qué quiso decir el autor sagrado en su momento histórico y, después, indaga por el significado pastoral o espiritual del texto para nuestro momento. Según el autor, la forma correcta de hacer exégesis bíblica requiere esos dos pasos. Así, lee los textos en forma literal y defiende la historicidad de cada una de las narraciones expuestas. Poco o ningún lugar le concede a las lecturas sociológicas o a las llamadas hermenéuticas de la apropiación (H. G. Gadamer y P. Ricoeur) y menos aún a las exégesis posmodernas que se preguntan, entre otros asuntos, por el potencial transformador de los textos y los efectos que ejercen los textos sobre su auditorio.

Y así transcurre el libro: primero se enuncia el texto bíblico correspondiente, luego se descifran sus aspectos histórico-textuales y, al final de cada sección, se presentan algunas aplicaciones pastorales y teológicas para la vida de fe. Siempre que se ve la oportunidad, se refuerzan las antiguas doctrinas de la Iglesia y se confirman los dogmas, como sucede, por ejemplo, cuando se explica el parto virginal de María.

Después de leer el libro, debo confesar que me quedé esperando que Ratzinger me ofreciera, aunque fuera en dos sucintas páginas, su perspectiva teológica sobre la niñez a partir del niño-Dios (o del Dios-niño). Pero no lo hizo; acudió primero a su afición de exégeta que a su verdadera especialización que es la teología... y, en esto, me dejó sin respuestas.

Pudo más la adultez de Ratzinger (su *adultocentrismo teológico*) que la infancia de Jesús como lugar teológico (*locus theologicus*) a partir del cual se redescubre, entre otros, la debilidad de Dios, la grandeza de lo débil y el poder redentor del pequeño de Belén. El interés primordial del libro son las discusiones hermenéuticas, las cuestiones apologéticas y el resguardo de las tradiciones de la Iglesia. Estos son intereses que se explican por sí solos si se tiene en cuenta la figura de su autor: un típico teólogo académico europeo, de matizada herencia tomista-agustiniana[2] e interesado, en razón de su investidura, en la institucionalidad de la Iglesia.

La teología de la niñez no es el enfoque prioritario del libro; como tampoco lo es la perspectiva profética, tan necesaria en los países del llamado Tercer Mundo, donde pulula la pobreza y la injusticia; donde la figura del niño Jesús pobre, desplazado y en riesgo transmite un mensaje de identificación y de esperanza trasformadora. Se acepta que Jesús fue pobre y que «los pobres en general son los predilectos del amor de Dios» (p. 79), pero no se dice nada acerca de las implicaciones misioneras de esa condición y de sus repercusiones para el compromiso con los millones de niños y niñas empobrecidos del mundo.

En este mismo sentido de lenguaje profético, me asombró que no se hiciera un análisis específico de la oración de María, conocida como el *Magníficat* (Lucas 1:46-55). Desatención que sorprende en un intérprete que transita de manera minuciosa por todos los textos del anuncio, nacimiento e infancia de Jesús. El *Magníficat* se menciona en tres ocasiones (pp. 91, 110,

---

[2] Cf. Pablo Blanco Sarto, *La teología de Joseph Ratzinger. Una introducción*, Palabra, Madrid 2011, p. 30ss.

131), pero siempre de manera tangencial, nunca como texto específico sujeto del análisis.

Pero, seamos sinceros. Estas ausencias que se observan en el libro de Benedicto XVI no le pertenecen solo a él. La mayoría de cristianos y cristianas, católicos o no, sean teólogos o lo presuman, incurren en la misma omisión al hablar del niñito de Belén. Igual sucede con muchos de los comentaristas exegéticos (sean católicos o protestantes) al arribar a esos mismos textos canónicos. Lo que más les interesa es, por ejemplo, que Belén era conocida como Éfrata, que la fecha del nacimiento no pudo ser diciembre, que el censo era el primero que abarcaba a todo el imperio, que el emperador Augusto César nació bajo el nombre de Cayo Octavio Turino... además de las consabidas diferencias entre las genealogías de Mateo y Lucas; en fin, divertimientos interpretativos para rodear el texto bíblico sin correr el riesgo de llegar al mensaje.

Lo que le falta a nuestras comprensiones bíblicas acerca de la niñez es la capacidad para reencontrarnos en esos textos con Dios sin los condicionamientos de nuestra *mentalidad adultocéntrica*, caracterizada por ser racionalista, institucional, jerárquica e individualista (marcas que distinguen no sólo nuestra fe, sino también nuestra cultura). Lo que nos falta es adentrarnos en su lectura ateniéndonos a las enseñanzas del Maestro, de hacernos como niños y niñas, como única forma de acceso a los misterios del Reino: «Os aseguro que, si no cambiáis de conducta y volvéis a ser como niños, no entraréis en el reino de los cielos» (Mateo 18:3).

Estamos, entonces, ante un reto que, más que exegético, es espiritual; el reto de superar nuestra adultez y ascender hasta la alta cima de nuestra *infancia espiritual*, para usar la expresión de Teresita de Lisieux.

«DEJEN QUE LOS NIÑOS VENGAN A MÍ»

Pistas bíblico-teológicas para el ministerio
con la niñez y la juventud
**Movimiento Juntos con la Niñez
y la Juventud**

La Mesa de Biblia y Teología[1] del Movimiento Juntos con
la Niñez y la Juventud (MJNJ) ha preparado este documento
con el propósito de proporcionar a las iglesias, instituciones

---

[1] El equipo redactor lo conformaron Nicolás Panotto (Argentina), Edesio
Sánchez (México), Ruth Alvarado (Perú), Ángel Manzo (Ecuador) y Harold
Segura (Colombia-Costa Rica). También participaron como lectores-correc-
tores del documento: Luciana Noya (Uruguay), Illich Avilés (Nicaragua) y
Priscila Barredo (México-Costa Rica). Correctora de textos: Ismaela Ramírez
de Vargas (Guatemala-Costa Rica).

teológicas, organizaciones cristianas y líderes eclesiales en general, un recurso educativo para la reflexión bíblica, teológica y pastoral acerca del ministerio con los niños, niñas, adolescentes y jóvenes. De ninguna manera pretende que el documento sea concluyente, sino que, más bien, un punto de partida para posteriores reflexiones y, sobre todo, para asumir mayores y mejores compromisos con este prioritario ministerio.

El proceso que se siguió para redactar estas pistas fue participativo y variado por su cuerpo de colaboradores tan diverso. Por más de un año, la Mesa trabajó en diferentes documentos, que después colocó en manos de más de ciento veinte líderes de distintas iglesias para que lo discutieran, corrigieran y mejoraran[2]. Este texto es el resultado de una larga carrera en la que participaron pastores y pastoras, teólogos y teólogas, docentes y otros líderes de diferentes iglesias del continente, entre adolescentes, jóvenes y adultos.

Ahora, el documento pertenece a quienes deseen sumarse a este proceso participativo: leyéndolo, discutiéndolo y meditándolo. Nuestra oración es que lo que comenzó como un texto escrito se convierta, por la gracia de Dios y el compromiso de su pueblo, en un movimiento que, juntos con la niñez y la juventud, haga posible una iglesia inclusiva, en la que a quienes se les ha considerado desde siempre «pequeños» pasen hoy mismo a ser protagonistas de la misión y foco central del ministerio.

La iglesia en general debe recordar lo que nos enseñó el Maestro: «Dejen que los niños se acerquen a mí. No se lo impidan, porque el reino de Dios es de los que son como ellos. Les aseguro que la persona que no confía en Dios como lo

---

[2] Se incluyeron los aportes que surgieron del trabajo en grupo de más de cien participantes del Congreso Mesoamericano, *La niñez, corazón de la Misión*, celebrado en San Salvador, El Salvador, en octubre de 2014 y que el Movimiento Juntos con la Niñez y la Juventud convocó.

hace un niño, no podrá entrar en el reino de Dios» (Lucas 18:16-17)[3].

Enrique Pinedo
Coordinador del Movimiento Juntos
con la Niñez y la Juventud

Harold Segura
Editor General y Coordinador de la Mesa
de Biblia y Teología

San José, Costa Rica, 5 de abril de 2015
Domingo de Resurrección

---

[3] Todos los textos bíblicos se tomaron de *La Biblia. Traducción en Lenguaje Actual* (TLA), Sociedades Bíblicas Unidas, 2003.

INTRODUCCIÓN

1. Los niños, niñas y adolescentes son la población más numerosa de las sociedades latinoamericanas y, al mismo tiempo, los más vulnerables en contextos de pobreza, injusticia y desprotección[4]. Ellos integran los grupos más afectados por diversas problemáticas como la pobreza, el VIH y Sida, la violencia, la migración, entre otros. Dicho panorama dista mucho de ser ajeno a la realidad latinoamericana; más bien, forma parte de la cotidianidad de nuestras comunidades civiles y eclesiales. Para enfrentar esta situación, debemos indagar no sólo las estadísticas y los informes, sino, principalmente, también los orígenes de esta problemática, y cómo podemos actuar desde la perspectiva de nuestra fe en Jesucristo. Como iglesias debemos preguntarnos a qué nos exhorta el texto bíblico, y, entonces, repensar nuestra ética cristiana y evaluar tanto nuestra misión como las posibilidades concretas con las que contamos en el continente para contribuir a superar esta situación.

---

[4] Cf. el informe de 2014 de UNICEF: http://www.unicef.org/spanish/sowc 2014/numbers/

PRIMERA PARTE

Los niños y las niñas de hoy

Niñez en situación de riesgo social, niñez vulnerable y vulnerada

2. Las estadísticas y los estudios sobre la situación de los niños, niñas y adolescentes de América Latina exponen una imagen de la realidad que debe preocuparnos seriamente como iglesia: la «infantilización de la pobreza». El subgrupo más extenso dentro de los sectores empobrecidos e indigentes son niños y niñas. La pobreza se entiende no sólo como carencia económica, sino también como falta de acceso a los servicios básicos de salud, a la educación, a espacios para la participación ciudadana y a la protección. La violencia, el abandono, la discriminación, la exclusión, la desprotección y la propagación de enfermedades, entre otras problemáticas, aparecen con mayor magnitud en contextos de pobreza.

3. En América Latina, seis millones[5] de niños y niñas sufren abuso físico y emocional, sumado al abandono. Más de ochenta mil[6] niños y niñas menores de dieciocho años mueren cada año por maltrato a manos de sus padres. Los cinco países con más elevados porcentajes de violencia contra niños y niñas son Nicaragua, República Dominicana, Perú, Costa Rica y El Salvador. Esta situación también está presente en las iglesias, en especial, por causa de una interpretación sesgada de corte dominador del tema del castigo físico en el texto bíblico, la cual sirve, en muchas ocasiones, para legitimar situaciones de abuso y violencia en el seno de familias cristianas.

4. Los resultados que arrojó una investigación sobre los evangélicos y la violencia doméstica, llevada a cabo en Perú y Bolivia, muestran que, en el apartado sobre creencias y prácticas de castigo como forma de crianza y disciplina para los niños y las niñas, más de la mitad de las familias evangélicas está de acuerdo o parcialmente de acuerdo con el castigo físico (más de la tercera parte de las que lo practican afirman que lo ejecutan con instrumentos físicos, como correas, varas y otros). También reveló que, en Perú, el castigo físico se usa con más frecuencia en hogares evangélicos que en otros hogares de la sociedad peruana; y en Bolivia, aun con la disminución del uso del castigo físico intrafamiliar, el maltrato psicológico se incrementó[7].

Esta misma investigación reveló que las niñas son las que más sufren castigo físico y abuso sexual. Los perpetradores más comunes del noventa por ciento de los casos de las niñas

---

[5] *Violence in Latin America and the Caribbean. A Framework for Action. Technical Study Sustainable Development Department InterAmerican Development Bank*, 1999, citado en *La violencia contra los niños, niñas y adolescentes. Magnitud y desafíos para América Latina. Resultados del estudio mundial de violencia*, UNICEF.

[6] *Ibid.*

[7] Informe, *Dentro de las cuatro paredes. Evangélicos y la violencia doméstica en Perú y Bolivia*: http://institutopaz.net/recursos/resumen-ejecutivo-dentro-de-las-cuatro-paredes http://institutopaz.net/recursos/resumen-ejecutivo-dentro-de-las-cuatro-paredes-bolivia

agredidas son familiares o personas conocidas por ellas. Los porcentajes de violencia sexual en adolescentes entre los quince y diecinueve años son del veinte por ciento en varios países del continente.

5. El problema y delito de la trata[8] crece aceleradamente en el continente. En América Latina, dos millones de niños, niñas y adolescentes han caído víctimas de la explotación sexual comercial o de la laboral.

6. El impacto que la epidemia del VIH y Sida deja constantemente sobre la infancia es devastador. Más de dos millones de niños y niñas en el mundo han contraído VIH y Sida; y se calcula que cuarenta y siete mil viven en América Latina y el Caribe. Si bien en la región se ha logrado algún progreso en el cuidado y tratamiento de las personas adultas contagiadas, este logro no ha alcanzado a la niñez portadora del virus o enferma. Sin el entorno protector de una familia, los niños y niñas vulnerables y en situación de orfandad causada por el VIH y Sida se enfrentan a un mayor riesgo de desnutrición, violencia, explotación y abuso.

7. Existen otras problemáticas que se podrían añadir, como la migración, los altos niveles de analfabetismo, las carencias en el área de salud, entre otras. Las estadísticas mencionadas en los párrafos anteriores son apenas un ejemplo de una realidad palpable en los contextos latinoamericanos: los niños, niñas y adolescentes constituyen el sector con mayor vulnerabilidad ante los problemas sociales de los países de la región.

Un problema de «grandes»

8. En el apartado anterior expusimos en cifras la realidad infantil que a diario se observa alrededor del continente.

---

[8] La trata es la compra y venta de seres humanos con fines de explotación sexual, trabajo forzoso y otros tipos de esclavitud.

Ahora, debemos plantearnos dos preguntas: ¿Por qué los niños y niñas son el grupo más vulnerable de Latinoamérica? ¿Qué características tiene este sector particular de la población para que sea presa fácil y caiga en situaciones de violencia? **9.** Para responder a ambas preguntas, dependemos de dos acepciones fundamentales: primera, cómo definimos quiénes son los niños y las niñas; y segunda, qué lugar se les ha dado en las sociedades latinoamericanas (en el seno familiar, las escuelas, los barrios y las iglesias). Es decir, nuestra respuesta a la pregunta básica de ¿qué significa ser niño y ser niña? define las diversas formas en que nos relacionamos con ellos y vemos su realidad. Esta es la razón por la que se han formulado diferentes comprensiones y discursos al respecto, que derivan en distintas formas de actuar con la población infantil. Un ejemplo de esta relación –entre concepto y acción– es que la creencia de que los niños y las niñas son seres humanos inferiores hace que algunas personas adultas no les permitan hablar ni opinar ni siquiera para decisiones que competen a su propia vida.

10. Esta relación –entre concepto y acción– nos alerta para que la tomemos como consideración central en nuestro trabajo a favor de la niñez; a saber, que existen diversas concepciones de qué es ser niño y ser niña. Muy poco nos preguntamos sobre nuestra propia definición al respecto, pues damos por sentado nuestra comprensión del tema. No obstante, definir nuestra concepción resulta determinante para nuestro trabajo. En otras palabras, *el tipo de intervención que desarrollemos dependerá de nuestra comprensión acerca de lo que es la niñez.* Las prácticas y condiciones de exclusión contra los niños y niñas se producen, en la mayoría de las veces, porque, en ciertos esquemas y estructuras, se ve como natural tratarles con desdeño. Por esto, nos planteamos una serie de preguntas que responderemos a lo largo de estas pistas: ¿Qué lugar ocupan los niños y las niñas en nuestras comunidades civiles y eclesiales? ¿Desde qué concepción acerca de lo que son definimos ese lugar? ¿A qué comprensiones acerca de la niñez obedece? ¿Será que, si damos una mirada más panorámica, descubriremos que dichos lugares legitiman otras condiciones de riesgo que la niñez experimenta en sus contextos inmediatos, como la familia, el barrio o la escuela?

11. La situación de riesgo a la que queda expuesta la niñez no se vincula solamente con problemas circunstanciales, sino con un factor más de fondo, y, por eso mismo, más problemático: las ideas que limitan, ubican o abren su lugar –espacio– dentro de la comunidad. Más claro aún, este factor responde, principalmente, a *la cosmovisión adultocéntrica que reina en nuestras sociedades.* ¿Qué pretendemos afirmar con esta declaración?

a. Que los niños y niñas ocupan un lugar de inferioridad –desventaja– con respecto a las personas adultas.

b. Que rige una marcada diferenciación entre los «asuntos que tienen que ver con los niños y las niñas» y los «asuntos que corresponden a las personas adultas». Así, se suscita una disparidad que concede prerrogativas a las personas adultas, y propicia relaciones de poder y de desvaloración (desde la familia hasta las iglesias).

c. Que, respecto a las características de los diversos grupos que componen las sociedades latinoamericanas, se han aplicado divisiones de inequidad como si fueran naturales (es decir, no se someten al diálogo conjunto de las partes, sino que «se dan por sentado»). De esta manera, se legitima todo tipo de situaciones de agresión, hasta la violencia de personas adultas contra niños y niñas, y de varones contra mujeres, con la justificación de que «así debe ser».

d. Que existe una «lógica de la persona adulta» y una «lógica de la niñez» respecto a cómo entender la vida; y ambas se contraponen, por lo que, obviamente, a la última se le considera «inferior».

12. En resumen, queremos enfatizar que un trabajo comprometido a fondo con la niñez y la adolescencia implica prestar atención no sólo a las consecuencias de ciertas prácticas y contextos injustos, sino también a los puntos de vista, a las ideologías y a los discursos que promueven dichas circunstancias, y que –nos guste o no– todos las propiciamos al naturalizar diversas concepciones acerca del mundo, de las personas, de la iglesia y de Dios mismo.

El adultocentrismo en las iglesias

13. El adultocentrismo presente en las sociedades latinoamericanas da lugar a que los niños y las niñas caigan víctimas del maltrato, la violencia y la exclusión debido a que existen comprensiones consideradas naturales sobre el supuesto lugar de inferioridad que poseen. Ahora bien, ¿es un hecho el adultocentrismo –con sus esperados efectos– en las iglesias de América Latina? Lamentablemente la respuesta es afirmativa.

14. Para comprobar si el adultocentrismo está presente en las comunidades eclesiales, basta con advertir el lugar secundario que ocupan los niños, niñas y adolescentes en la organización de la iglesia, y el poco protagonismo que adquieren en las actividades consideradas como exclusivas de las personas adultas. Desde una perspectiva más amplia, advertimos esta dinámica en las formas en que se han estructurado y formulado las doctrinas y las imágenes acerca de Dios. Estas responden a una lectura adulta y masculinizada del texto bíblico, que no es fiel a éste, y cuyo resultado es denigrar la dignidad y el lugar tanto de los hijos y las hijas, como de las esposas-madres. También podríamos mencionar algunas prácticas litúrgicas y doctrinas, como el bautismo, la Cena del Señor, entre otras, en las que la niñez y adolescencia, en muchos casos, han resultado excluidas.

¿Dónde están los niños y las niñas?

15. Frente a este panorama, la propuesta de trastornar y transformar nuestras comunidades eclesiales a favor de la niñez y la juventud implica forzosamente llegar al fondo de esta problemática: identificar las cosmovisiones (sociales, culturales y religiosas) que sostienen y fundamentan la condición de vulnerabilidad de la niñez. En otros términos, *para que los niños y las niñas tengan plenitud de vida necesitan un lugar justo* dentro nuestras familias, nuestras comunidades civiles y eclesiales, y nuestras escuelas. Por ello, hoy en día se habla de los niños y las niñas como *sujetos de derecho*, es decir, se les reconoce su capacidad para elegir, para crear, para crecer, para participar, para pronunciar su voz.

SEGUNDA PARTE

Los niños y las niñas en el reino de Dios

Entonces Él se sentó y llamó a los doce discípulos, y les dijo: «Si alguno de ustedes quiere ser el más importante, deberá ocupar el último lugar, y ser el servidor de todos los demás*». Y llamó a un niño y lo puso frente a ellos; lo tomó en sus brazos y les dijo: «Si ustedes aceptan a* un niño como éste, me aceptan a mí. Y si me aceptan a mí, aceptan a Dios, que fue quien me envió»* (Marcos 9:35-37).

Lo que es y lo que puede ser

16. Jesús colocó a un niño frente a los discípulos para enseñarles quién es el más importante en el reino de Dios. Ahora bien, ¿qué es el Reino? El término proviene del contexto del Antiguo Testamento cuando el pueblo de Israel se encontraba bajo la opresión del imperio de turno. El «reino de los cielos» que se avecinaba representaba para los israelitas la intervención poderosa de Dios, que sobrevendría en respuesta a la actual situación de opresión. Este es un Reino caracterizado por la paz y la justicia tan esperadas, que se logra a través del gobierno del Mesías. Esta expectativa se anuncia en los escritos de los profetas, y de manera especial en Isaías: en él, la salvación y la justicia de Dios que habrá de venir son perdurables (51:6); y en el pueblo se gesta un cambio radical, pues ya no tiene lugar la violencia, y la justicia reina (cap. 60); Dios crea un nuevo cielo y una nueva tierra (60:19; 65:17; 66:22). En otras palabras, el reino de los cielos comprende la transformación integral del pueblo de Dios, en todas sus áreas: está presente la justicia a nivel social, político y económico.

17. Lucas 17:20-24 muestra que, por un lado, Jesús mismo proclamó y encarnó el reino de Dios; y, por otro, que ese Reino también aún está por venir; sin cálculos, ni modelos, ni tiempos. En el seguimiento de Jesús reconocemos esta paradoja: la presencia del Reino que transforma la historia de hoy en día, y que, a su vez, da esperanza de su consumación final, como la meta a la que proseguimos, en una espera activa como constructores de la justicia y la paz de ese Reino, pero guiados por el Espíritu Santo (Juan 16:5-15).

18. Jesús vivió y proclamó el Reino al optar por los más desfavorecidos de su sociedad contemporánea: atendió a los pobres, a los cautivos, y se pronunció en contra de las injusticias del ámbito social, judicial, político y religioso (Mateo 5:3, Lucas 4:16-20). Para Jesús, el Reino significaba también llevar a cabo acciones que incluyeran a los excluidos y «rompieran» todo vínculo con las costumbres injustas del momento. Esto lo muestra, por ejemplo, cuando visitaba la casa de María y Marta (Lucas 10:38-42); Él incluyó a estas dos hermanas como sus discípulas, mientras los otros maestros excluían totalmente a las mujeres. La misma actitud demostró en su encuentro con la mujer samaritana (Juan 4:1-26), a quien consoló y anunció las buenas nuevas. Su conducta radical no sólo se observa al acercarse deliberadamente a una persona de Samaria (a quienes los judíos repudiaban y discriminaban por causa de su «impureza étnica»), sino también porque esta persona era mujer.

19. Jesús dio testimonio, por medio de sus palabras y acciones, de que el Reino ya había llegado con Él (Mateo 12:28, Lucas 11:20; 17:20). Usó el concepto de «cumplimiento» para describir su ministerio y misión (Lucas 4:21; 6:20; 7:22; 16:16; Mateo 11:15). Presentó el Reino como una «experiencia humana» y abierta a la gracia de Dios (Lucas 12:32). Este Reino no es un Reino déspota como el imperio que los oprimía, o aquellos imperios que en el curso de la historia oprimieron a Israel; todo lo contrario, es un Reino de servicio, de inclusión y amor (Lucas 6:20; 7:22; Mateo 11:5).

20. Este Reino tampoco pertenece a un futuro distante, sino que se manifiesta aquí y ahora en Jesucristo. Así lo expresó con distintas imágenes: *al perdonar pecados* (Marcos 2:5; 2:17; Lucas 7:50; 15:2; Juan 8:11), que no era una transacción judicial o ningún rito religioso, sino un legítimo acto de liberación de la culpa interior, del temor y de la exclusión social que oprimía a la persona, y así la reintegró a la comunidad (Lucas 19:1-10); *al restaurar la vida*, pues su ministerio también incluyó sanar enfermos y expulsar demonios, y no eran hechos aislados de su programa del Reino, todo lo contrario, una vez más, eran actos de redención integral; *al compartir la mesa con todos y todas, sin excepciones* (Marcos 2:15; Lucas 7:36; 11:37; 14:1; 15:2; 19:5), esta conducta exhibe su apertura de amar a todas las personas sin restricciones sociales.

21. En resumen, el tema del reino de Dios, que se extiende por toda la Biblia, plantea tres premisas que lo definen:

a. En Dios se origina el Reino y Él es quien lo promueve, y por lo tanto, Él es su soberano indiscutible.

b. En el Reino toda voluntad humana se sujeta a Dios. En la oración del Padrenuestro, Jesús expresa «hágase tu voluntad» (Mt 6:10), con lo que indica que sólo aquella persona que siga la voluntad del Padre, accederá al reino de Dios (Mateo 7:21), pues todo depende de su voluntad. Con el fin de subrayar contundentemente la soberanía de Dios sobre toda la creación, señala que el carácter que define a todo ciudadano del Reino es que sea vulnerable y débil. De ahí que Jesús –junto con otros testimonios bíblicos– haya enseñado con toda claridad que el reino de los cielos es de los pobres y de los niños (Lucas 6:20; Marcos 10:14).

c. Dios ejerce su reinado con amplitud universal. Tanto el Antiguo como el Nuevo Testamento presentan la acción de Dios como rey y gobernante sin que lo enmarque religión, raza y etnia. Una evidencia de la universalidad de su gobierno es el hecho de que las Sagradas Escrituras empiezan con la creación del mundo, lo que indica que el gobierno soberano de Dios no tiene límite de ningún tipo. Por otro lado, el Éxodo, evento medular de la fe bíblica, ocurre en el marco de la acción liberadora del Señor en favor de toda persona que vivía bajo opresión y esclavitud, con total apertura para todos los que no fueran judíos. Así entendió el profeta Amós esta universalidad del Reino cuando anunció lo que Dios había declarado: «Para mí, ustedes los israelitas no son diferentes a otros pueblos: a ustedes los saqué de Egipto, a los filisteos los saqué de Creta, y a los arameos los saqué de Quir» (Amós 9:7).

Los pequeños y pequeñas del Reino

22. Desde el Antiguo Testamento, conseguimos ver la centralidad que las personas excluidas del pueblo de Israel tienen en la misión de Dios. Por eso mismo, se dictaron leyes muy particulares para que el pueblo atendiera y cuidara de manera especial a los huérfanos, a las viudas y a los extranjeros (Éxodo 22:22; Deuteronomio 10:18; 24:17). Jesús encaminó su ministerio en esa misma dirección, atendía a los enfermos, a las viudas, y cumplía con sus hechos y palabras la voluntad de Dios en favor de quienes sufrían por menosprecio y opresión (Mateo 5:1-12; Lucas 4:16-19).

23. A estos se les llama muchas veces *los pequeños y las pequeñas de Dios*, a quienes Él acoge de manera especial por la condición de exclusión y vulnerabilidad en la que se hallan. En el texto bíblico Dios se muestra como el Dios de justicia, de igualdad y de amor, que actúa de manera directa contra las injusticias y la desprotección humanas. El Dios de la Biblia es un Dios que se solidariza con el dolor humano.

El Reino y la familia

24. El tema de la familia en la Biblia entra, por supuesto, en la propuesta del reino de Dios, como una instancia central para la educación, la convivencia, las relaciones interpersonales y el crecimiento en la fe. En primer lugar, debemos reconocer que la Biblia no presenta ningún modelo o paradigma único de lo que podría llamarse *familia ideal* o *familia cristiana*, como se suele creer. Las diversas etapas por las que tuvo que vivir el pueblo de Dios, sobre todo las que cubre el Antiguo Testamento –período formativo, épocas de la monarquía, el exilio y el posexilio– ofrecen variedad de facetas del ser familia, desde el tamaño, pasando por su composición, hasta la definición de roles de cada miembro.

25. No obstante, tanto el Antiguo como en el Nuevo Testamento ofrecen algunos elementos característicos de cómo se entendía un núcleo familiar: primero, la presencia de más de dos generaciones en el hogar (abuelos, padres, hijos); y segundo, la inclusión de personas cuya relación no era por consanguinidad, sino por obedecer la demanda de mantener comunidades de igualdad y solidaridad (viudas, huérfanos, exiliados, esclavos –ya fueran de guerra o por razones económicas–, y otras personas cuya vida estuviera en claro peligro por carecer de un hogar donde pudieran vivir de manera segura y significativa). De ahí que la familia representaba un espacio de protección, crecimiento y aprendizaje, donde los niños y las niñas crecían como individuos sociales. Su conciencia social se formaba a partir de su relación con las personas cercanas –su núcleo familiar–, con quienes aprendía desde su inserción en una historia y el conocimiento de ella (por ello la relevancia de la memoria) hasta la vinculación de la fe personal y colectiva con todos los asuntos de la comunidad.

Los niños y las niñas: sujetos teológicos del Reino

En ese mismo momento, el Espíritu Santo hizo que Jesús sintiera mucha alegría. Entonces Jesús dijo: «Padre mío, que gobiernas el cielo y la tierra, te alabo porque has mostrado estas cosas a los niños y a los que son como ellos. En cambio, no se las mostraste a los que conocen mucho y son sabios, porque así lo has querido, Padre mío» (Lucas 10:21).

26. Mientras Marcos 9:35-37 expone cómo Jesús coloca a los niños como metáfora del Reino, el versículo de Lucas 10:21 saca a luz el papel protagonista que desempeñan en él. Todo lo que habían vivido los seguidores que se encontraban con Jesús, todo aquello de lo que se alegraban y gloriaban, Dios lo había escondido de los sabios, de los entendidos en la ley y de los líderes religiosos de la época, y se lo había revelado a ellos, y a los niños y las niñas. Como hemos visto en los párrafos 22 y 23, los pequeños y las pequeñas de Dios eran un concepto central en la teología de Israel. Por ello, desde este contexto, entendemos que los niños y las niñas se concebían como la «voz de la divinidad», tanto en la tradición judía como en la religiosidad grecorromana.

27. En este relato, Jesús contrapone dos lógicas: la de los sabios y entendidos –adultos, supuestos conocedores de todos los detalles e intérpretes autorizados de los documentos religiosos– y la de los niños y las niñas. Los primeros representan la razón, la inteligencia, el cálculo, el control; todos son adjetivos que definen la cúspide de la supuesta madurez que permite hablar con objetividad, determinación, entereza y derecho, en este caso, hasta de Dios mismo. Pero, al final, a los que Dios elige para que conozcan sus misterios son a los niños y a las niñas. Jesús los señala como ejemplo, como sujetos teológicos, como clave de revelación.

28. Jesús recurre a la imagen de la niñez como metáfora del Reino en varias ocasiones (Mateo 18:1-2; 19:13-14; Marcos 10:15-16; Lucas 18:14-17). Se ha interpretado esta afirmación de distintas maneras: como una aptitud personal, una posición social, una característica actitudinal, entre otras. Pero precisamente es el *contraste* explícito de este pasaje lo que nos permite una comprensión más acertada de su significado. Recurrir a la imagen de la niñez es hacer una *inversión irónica* de la rigidez de la Ley, la cual, como se estipulaba en la época de Jesús, no requería que los niños y las niñas la siguieran o cumplieran. Desde esta perspectiva, podríamos afirmar que aquí Jesús ofrece una noción del Reino como realidad que va más allá del cumplimiento de un estándar religioso, y, con ello, se aleja de esa manera particular de ver a Dios mismo que se centra en la interpretación de adultos varones sabios y entendidos en la ley.

29. Vale recordar que los textos bíblicos no son sólo historias que se describen mediante una distribución sucesiva de hechos. Por el contrario, son sucesos que poseen un significado simbólico muy profundo. ¿Qué significa, entonces, ver a Dios desde los ojos de los niños y las niñas, y no desde quienes supuestamente poseen la autoridad (moral, espiritual, institucional, académica) para hacerlo? Podemos concluir que estas dos lógicas presentes en el pasaje *representan en sí maneras distintas de ver a Dios.* Y no sólo nos referimos a imágenes o discursos específicos, sino también a formas diferentes de acercarse a Dios.

30. En resumen, volviendo a Marcos 9:35-37, el niño ubicado en el regazo de Jesús como metáfora del Reino tiene varios sentidos. Primero, representa la afirmación de Jesús de que el Reino supone un compromiso especial con aquellas personas que la sociedad ha excluido, cuya condición es de vulnerabilidad e injusticia. Mientras existen personas que mantienen esas fronteras injustas, Dios actúa para incluir a los excluidos y hacerles justicia. Pero, en cuanto a un segundo sentido, esa acción de Jesús afirma el *empoderamiento* de los niños y las niñas, quienes simbolizan la metáfora de la revelación de Dios, en contraposición a lo que se cree correcto y verdadero, que caracteriza a la adultez.

TERCERA PARTE

Del Dios patriarca al Dios de amor

Imágenes de Dios

31. Bien sabido es que existen distintas imágenes de Dios. Pero ¿de dónde provienen? Dios decide revelarse a través de la historia. Y es a partir de ella que le damos nombres al llamarlo «Padre», «Amigo», «Salvador», o al usar expresiones como «Dios de Amor», «Dios Misericordioso», «Dios Compasivo», etcétera. En otras palabras, la comprensión que obtenemos acerca de Dios y la forma en que lo describimos y conocemos se relaciona estrechamente con la manera en que lo vivimos a Él en la experiencia del día a día de nuestra fe y de nuestro seguimiento de la Palabra. Más aún, las imágenes de Dios que solemos utilizar se vinculan con las prácticas y cosmovisiones que promovemos.

32. Pero vale aclarar que dichas imágenes son sólo expresiones parciales ya que Dios es siempre más de lo que es posible expresar en palabras, conocer y describir. Ningún discurso puede definirlo de manera final o acabada. Por ende, nadie puede afirmar que ha alcanzado el conocimiento total de Dios. Los discursos religiosos se tornan peligrosos cuando no reconocen dicha dinámica. La tendencia en general es a creer que las formas particulares de comprender y definir a Dios son absolutas, olvidándonos que nos encontramos siempre interpretando su acción, desde nuestras propias lecturas del texto bíblico y las diversas experiencias que tenemos del Espíritu. Se vuelve más peligroso aún cuando intentamos presentar una práctica, un discurso, una acción o una cosmovisión en particular como absolutas en nombre de Dios, y, por ello, las vemos exentas de todo cuestionamiento. Ante esa postura debemos preguntarnos: ¿Qué concepción acerca de Dios sostiene el adultocentrismo en las iglesias? ¿A qué imagen de Dios responde nuestro discurso acerca del Reino?

33. Un razonamiento común en esta dirección son las diversas atribuciones que se le da al título «Padre», muy utilizado en el texto bíblico. Muchas veces se habla de Dios como el Padre que castiga, que vigila, que controla, que aplica la ley. La pregunta es: ¿Son realmente bíblicas estas perspectivas? ¿Acaso no reflejan más bien una comprensión cerrada, adultocéntrica y patriarcal del concepto de «paternidad» –muy presente en nuestra cultura–, aplicada a la persona de Dios?

34. Al considerar la vida de Jesús, entendemos que la figura paternal de Dios debe comprenderse a la luz de su misión histórica. Jesús se describe a sí mismo como enviado por el Padre, y lo presenta como su compañero en su peregrinar (Juan 5:19-23; 14:21), cuyo propósito central es *dar vida* (Juan 5:21). Más aún, lo esencial del ministerio de Jesús era mostrar el *amor* que vivenciaba con el Padre, y, así, juntos, Él y el Padre, vivir en ese mismo amor con la comunidad de seguidores (Juan 15:10).

35. No cabe duda de que este es un tema complejo para las iglesias. Pero es importante discutirlo, ya que toda práctica religiosa y discurso teológico actúan como fundamento para acciones y cosmovisiones sociales. A su vez, todo esto se sostiene en una comprensión acerca de Dios. Por ende, aquí también se requiere llegar más al fondo: a las concepciones teológicas que dan lugar a la vulnerabilidad de los niños y las niñas, así como de otros sectores sociales.

Sobre la comunidad del Dios Trino y la familia

36. Pero conviene hablar de otro tema central que, aunque básico en la teología cristiana, muchas veces se deja de lado: *cuando hablamos de Dios, hablamos de un Dios Trino.* Por ello, al remitir a la relación entre el Hijo y el Padre no podemos olvidar el rol del Espíritu. Él también acompaña a la comunidad de creyentes en la misión (Juan 14:25-26), al guiarlos en el camino de la misión y la vivencia de la fe en Jesús, al reflejar ante todo el amor que existe entre el Padre y el Hijo (Juan 16:12-15). En resumen, lo que caracteriza a Dios son *estilos de relaciones interpersonales,* regidas por el amor, entre las tres personas y la humanidad.

37. En resumen, *Dios se presenta como comunidad trina de amor, que acoge y acompaña a sus hijos e hijas en su peregrinar en la historia.* De aquí nos preguntamos: ¿De las imágenes que usamos de Dios, cuáles son preponderantes? ¿Qué énfasis les otorgamos? Si Dios es trino y se manifiesta a través de relaciones de amor, ¿por qué la tendencia a dar más énfasis a imágenes masculinizadas, con las que se legitiman tipos de relaciones sociales adultocéntricas y patriarcales?

38. El tema del Dios trino, que enfatiza la esencia comunitaria de Dios, es ya un argumento bíblico teológico que nos invita a considerar el tema del ser humano como imagen de Dios, en perspectiva exegética, al examinar de manera especial el primer capítulo de la Biblia (Génesis 1:26-27).

En este pasaje, se resalta el concepto comunitario tanto de la divinidad como de la criatura: «Hagamos ahora al ser humano tal y como somos nosotros [...] Fue así como Dios creó al ser humano tal y como es Dios». El ser humano creado por ese Dios comunitario (trinidad) representa a un ser plural en cuya relación no se subraya la igualdad, sino la concordia y armonía en medio de las diferencias. Es decir, Dios crea a *'adam* (humanidad) a su imagen como «varón» (*zakar*) y «mujer» (*neqebah*), porque la trinidad es esa pluralidad en la que los diferentes se unen en armonía eterna. La imagen de Dios en el ser humano se da en esa pluralidad de masculinidad y femineidad. Y llama la atención que cuando unimos el mensaje de Génesis 1:26-27 con el de Génesis 5:1-4 –«Dios creó al ser humano a su *semejanza*. Creó al hombre y a la mujer, luego los bendijo y los llamó «seres humanos» [...] Adán tuvo un hijo *semejante* a él en todo, al que llamó Set. También tuvo más hijos y más hijas»–, al incluir también a otras personas, la diversidad se amplía no sólo en la diferencia de género, sino también en la generacional.

Con estos dos textos del Génesis, podemos considerar, con apoyo exegético y hermenéutico, que lo que Dios creó a su imagen es más que al individuo, creó a las familias, las que prácticamente en todas las sociedades, antiguas y modernas, se reconocen, en sus diferentes estilos, como la unidad más pequeña de la sociedad.

CUARTA PARTE

Iglesias que aprenden a jugar

La lógica del juego

39. Uno de los rasgos distintivos de la niñez es jugar (aunque lamentablemente en muchos de los casos no lo consiguen hacer, ya que incluso el derecho a jugar se les quita). El juego no sólo es una actividad recreativa, sino la manera en que aprenden a socializar con otras personas y a comprender el mundo que les rodea. El juego se diferencia mucho de la manera en que el adultocentrismo intenta comprender la realidad: el disfrutar se posiciona sobre el cumplimiento, la espontaneidad sobre las reglas, el cuerpo y los afectos sobre la razón, lo estético sobre lo escrito.

40. En este sentido, *las iglesias necesitan vivir y actuar también a partir de la lógica del juego.* ¿Qué pretendemos alentar con esta afirmación? Que en el *ser iglesia* cada comunidad eclesial refleje con más apertura las características de los juegos, y que, al actuar así, supere la rigidez de los conceptos y las prácticas adultocéntricas, que se reflejan en las liturgias, la organización institucional, los esquemas de liderazgo, la predicación y la enseñanza, entre otras. Adoptar este modelo lúdico significa que la afectividad, la espontaneidad, los movimientos del cuerpo y la pluralidad de maneras de hacer las cosas –así como la mayoría de nuestros niños y niñas viven el día a día– tomen un lugar central en nuestras comunidades eclesiales. Supone que busquemos la originalidad y la creatividad en nuestros cultos, de tal modo que las liturgias sean más inclusivas. Entraña que la voz de los niños y las niñas encuentre espacio para participar en la toma de decisiones y en los proyectos eclesiales, entre otros elementos que podríamos mencionar. No debemos ver el juego como un entretenimiento, sino como una manera de comprender el contexto, de aprender a ser críticos con nuestros dogmatismos y costumbres adultas. Por ello, la niñez no debe ser sólo un sector de la población al cual debemos atender, sino también uno que debemos incluir y del que debemos aprender. Abrirnos a la lógica del juego no implica solamente organizar actividades distintas a las actuales, sino que representa también una manera diferente de ver la vida integral, la misión y la espiritualidad.

Los niños y las niñas: el centro

41. De todo lo expuesto hasta aquí, podemos afirmar que una iglesia que camina por los senderos del reino de Dios ubica a la niñez como uno de sus agentes principales. Con esto no pretendemos insinuar que los niños y las niñas son el único sujeto que debemos tomar en cuenta desde la perspectiva del Reino. Lo que queremos explicar es que, frente a la actual situación injusta a la que se ha sometido a la niñez y adolescencia en nuestras sociedades e iglesias, es forzoso que les demos un lugar de mayor centralidad. Más aún, la urgencia que nos da el Señor de que comprendamos el Reino en clave de niñez nos muestra cuán importante es que nos comprometamos con toda persona y toda circunstancia que exhiba una vida que esté bajo estructuras injustas y de exclusión, en ayudarla a superar esa condición.

42. Como hemos afirmado, hablar de niños y niñas como el centro de las comunidades eclesiales significa otorgar mayor protagonismo a un sector de la población cuya vulnerabilidad proviene de su invisibilidad y exclusión ocasionadas por el adultocentrismo. ¿Por qué? Porque ello implica empoderarles, reconocer su capacidad creativa y el derecho de que se escuche su voz; y, con estas acciones, nos comprometemos en la construcción de una nueva manera de ver la niñez, que resultará, primero, en una visión más amplia de su situación; y, segundo, en una praxis concreta para que luchemos contra aquellas circunstancias de injusticia que la dejan vulnerable y en riesgo. Esto constituye, por ende, una nueva manera de entender la iglesia, su organización, su comprensión de lo comunitario, su espiritualidad y sus ministerios.

Teología y juego

43. Toda manera en que comprendemos la fe, la espiritualidad y la iglesia parte de la visión que nos hemos formando acerca de Dios; o sea, de una teología. En otras palabras, nuestras comprensiones y definiciones de Dios darán lugar, permitirán, posibilitarán (¡o no!) ciertas prácticas y cosmovisiones. Con esta afirmación expresamos que la teología es una práctica que desarrolla todo creyente y toda iglesia en su vida diaria al examinar sus circunstancias a la luz de la fe. Ya hemos señalado que existe una imagen preponderantemente adultocéntrica acerca de Dios, la cual también legitima y promueve ciertas prácticas, cosmovisiones y dinámicas con esa lógica. Por eso nos preguntamos: ¿Desde qué perspectiva podemos construir una teología que sea más inclusiva y sensible respecto a los niños y las niñas? **44.** El camino que indefectiblemente debemos recorrer es *facilitar una teología desde la niñez.* Esto significa construir espacios donde los niños y las niñas pronuncien su voz sobre los asuntos de la fe, de la Biblia y de la iglesia, y los escuchemos. Por supuesto que somos conscientes de que las personas adultas tienen mucho que enseñar. Pero también podemos crear espacios donde las apreciaciones e imágenes de la niñez nos enseñen más acerca de Dios. ¿Por qué? Porque Dios habla a través de ella. Más aún, el mismo hecho de que le demos la oportunidad de hablar y de escucharla implica en sí mismo una acción de reconocimiento e inclusión, por lo tanto, de justicia.

45. Apostar por la centralidad de la niñez supone operar grandes cambios en cómo la iglesia se reconoce a sí misma como una *comunidad de aprendizaje.* Por eso vale preguntarnos: ¿Cómo se construyen las instancias educativas en nuestras iglesias? ¿Les damos a los niños y las niñas la posibilidad de hacer teología –de manifestar su visión de quién es Dios y cómo actúa– o tan solo son recipientes de la enseñanza de una persona adulta?

La misión desde la niñez: conversión, evangelización, discipulado y pastoral

46. Aceptar el reto de considerar la misión desde los niños y las niñas supone que cambiemos las lógicas tradicionales de nuestras iglesias. En nuestras prácticas eclesiales suelen ser las personas adultas las que evangelizamos a los niños y las niñas y tratamos de guiarles a Jesús, y de esa manera los convertimos sólo en recipientes de evangelización y no en sujetos de misión.

135

47. Así, su conversión se da en el marco de la experiencia adultocéntrica y pragmática, donde el niño o la niña sigue una fórmula predeterminada (levanta su mano, hace la oración y pasa al altar) para obtener la salvación. Esta concepción debe analizarse a la luz de lo que la Biblia expresa acerca de los niños, en especial cuando Jesús declara «porque el reino de Dios es de los que son como ellos» (Mateo 19:14), lo cual manifiesta que dejan de ser agentes pasivos de la evangelización, para transformarse en sujetos activos de ella. En la perspectiva adultocéntrica, la niñez es sólo receptora pasiva; en la práctica misional de Jesús, ésta se convierte en lugar y experiencia evangelizadora (Marcos 9:36-37).

48. La conversión pensada desde la niñez nos invita a considerarla como *una vivencia de fe que nos transforma y cambia constantemente por del camino de la vida*. El evangelista Lucas nos ofrece una de las pocas referencias que tenemos de la infancia de Jesús, y la menciona de esta manera particular: «El niño Jesús crecía en estatura y con poder espiritual. Estaba lleno de sabiduría, y Dios estaba muy contento con él» (Lucas 2:40). Similar descripción da en relación con Juan el Bautista (Lucas 1:80).

49. Los niños y las niñas crecen integralmente: física, emocional, social, espiritual e intelectualmente. Si la iglesia partiera de este hecho, podría llevar a cabo su labor evangelizadora y discipular en diversos ámbitos. Por eso mismo debemos considerar a la niñez como agente de transformación de la sociedad (Isaías 11:6). En este sentido, el discipulado se transforma en una aventura de acompañamiento y cuidado de la fe. En su labor pastoral la iglesia se atrevería a participar en la aventura de cambiar los esquemas de control que «entretienen» y «calman», para incorporar la inclusión de la niñez en la vida comunitaria y asegurar su participación en el liderazgo y ministerio. Así, haríamos visible a la niñez en el ministerio de la iglesia. De la misma manera, podemos pensar en la liturgia y el culto como espacios de participación de los niños y las niñas, así como su inclusión en prácticas tan centrales como la administración y participación de la cena del Señor.

50. En su labor pastoral la iglesia debe optar por el cuidado del bienestar de la niñez, lo que implica una radical resistencia y denuncia contra toda práctica que atenta contra la vida plena: violencia, desnutrición, tráfico de personas, maltrato, abusos, explotación, y otras.

51. La evangelización *«desde»* la niñez nos ofrece horizontes más amplios que la evangelización *«para»* la niñez. Plantea a la iglesia nuevas pautas para hacer la misión con la niñez, no sólo al velar por sus «almas», sino al comprometerse con las palabras, acciones y bienestar integral de la niñez, en la que el cuerpo tiene una dimensión privilegiada, y con ella los juegos, las risas, el baile, las sensaciones, los gestos, la espontaneidad, la bulla, la fe y la fiesta.

Iglesias que se hacen escuchar

52. Las iglesias *deben ser voz profética de la situación de riesgo y vulnerabilidad de los niños y las niñas, pero no como un elemento externo de la niñez, sino interno, a partir del propio contexto de los pequeños y las pequeñas de la misma comunidad de fe y de la civil.* De aquí, creemos que algunos compromisos que las comunidades eclesiales pueden asumir son los siguientes:

a. Darle a la situación de la niñez un espacio de mayor importancia en la predicación, enseñanza y liturgia de las comunidades.

b. Otorgarle mayor protagonismo a los niños y las niñas en diversas áreas de la iglesia, como en los espacios de enseñanza, en los ministerios y en los momentos litúrgicos.

c. Incorporar en las interacciones de toda la iglesia prácticas y dinámicas que en general se limitan a la infancia, a fin de revisar aquellas barreras que dividen radicalmente los grupos por rangos de edad. Aquí resulta central la inclusión de la dimensión estética (uso de las imágenes, del teatro), de un diálogo participativo dentro de la comunidad eclesial (el uso de narrativas, prédicas y enseñanzas construidas en conjunto y no transmitidas unidireccionalmente), y actividades de carácter lúdico.

d. Abrir en los barrios y comunidades en los que está inserta la iglesia espacios de trabajo conjunto con organizaciones sociales (religiosas o no) comprometidas en superar la situación de vulnerabilidad de la niñez.

QUINTA PARTE

Desafíos: transformar y ser transformados

Acciones valientes y valiosas

53. La situación de los niños, niñas, adolescentes y jóvenes en nuestro continente requiere que nuestras iglesias, instituciones y organizaciones cristianas coordinen y tomen acciones valientes (proféticas) a su favor. El mensaje de Jesús nos convoca a actuar en un doble sentido: a involucrarnos con la niñez en procesos que promuevan su bienestar integral y, por otra parte, a generar espacios en los que la niñez confronte nuestros modelos de vida adultocéntricos, y nos conduzca por caminos de transformación humana. Esta transformación es un proceso de doble vía: actuar más de lo que hasta ahora hemos actuado a favor de la niñez, y ceder espacios para que la niñez logre lo mucho que puede lograr a favor de nuestro mundo adulto. En otras palabras, *transformar y ser transformados.*

54. Los retos que deben asumir nuestras iglesias, y las personas cristianas en particular, son muchos; algunos de ellos los hemos enunciado con urgencia pastoral en estas pistas. A continuación exponemos una breve síntesis de esos retos:

Una iglesia servicial y profética

55. El Señor quiere una iglesia que dé testimonio de su amor entre las personas más necesitadas y, como afirmamos en la primera parte de estas pistas, la niñez no es una sino la primera de esas poblaciones. Pero además de la pobreza están los males bien conocidos por las estadísticas, como la violencia (incluida la violencia de género contra las niñas), el abandono, la explotación sexual comercial, el limitado acceso a la educación, los problemas sanitarios y el VIH y Sida, entre muchos más.

56. El papel de las iglesias en la sociedad civil –especialmente en espacios políticos, organismos e instituciones que trabajan por la niñez– es cada vez más notorio. Vemos a varias ONG, municipios, escuelas (privadas y públicas), organizaciones civiles, entre otros, que buscan comunidades eclesiales u organizaciones basadas en la fe para desarrollar proyectos, conformar grupos consultivos, acompañar casos de emergencia, elaborar propuestas legislativas a favor de la niñez, etcétera.

57. Por lo tanto, el reto no consiste en iniciar algo que hasta ahora no hubiéramos hecho, sino en profundizar lo que ya estamos haciendo, en aprender de las mejores experiencias y en revisar la efectividad de lo que ya hemos llevado a cabo; en darle, además de su sentido social, el carácter político a esas acciones, y en asumir el papel que nuestras iglesias pueden cumplir en el campo de la incidencia pública a favor de los derechos de la niñez. El ministerio enfocado en la promoción y en la defensa de los derechos de la niñez aún sigue siendo un campo inexplorado para muchas iglesias.

58. Los retos que tenemos por delante, con miras a cumplir con mayor fidelidad y pertinencia el papel servicial y profético al que el Señor nos llama en esta época (Proverbios 31:8-9), tienen que ver con levantar nuestra voz junto a los diversos actores sociales comprometidos con la niñez y la adolescencia en superar su actual situación. Podemos lograrlo mediante la concientización sobre esta situación y la necesidad de crear más políticas públicas; mediante la denuncia de situaciones injustas, discursos y prácticas de abuso y violencia; y, sobre todo, convirtiéndonos en agentes de cambio a través del acompañamiento pastoral y la atención de problemáticas específicas que surjan en nuestras comunidades.

Una iglesia sensible y dispuesta a aprender

59. Necesitamos reconocer que en nuestras iglesias se sabe poco acerca del mundo de la niñez. Este desconocimiento lo compartimos con la sociedad en general. Hablamos de ella y creemos que tenemos la última palabra al respecto; pero, honrando la verdad, la hemos explorado poco y la desconocemos mucho. En unas ocasiones los consideramos seres inferiores, otras, como seres en vías de «llegar a ser personas» o como pequeños adultos que aún no han alcanzado los conocimientos y las condiciones necesarias para llegar a serlo. Desde esta percepción de la niñez, los adultos nos vemos superiores a ella.

60. No sobra señalar aquí cuán nocivas resultan estas percepciones para nuestro ministerio a favor de la niñez y también para el ministerio que los niños y las niñas deben llevar a cabo a favor de las personas adultas. Por eso, como lo señalamos a través de las pistas, necesitamos transformar las maneras de cómo, hasta ahora, hemos comprendido el mundo de la niñez. De esta comprensión dependen, en mucho, las formas y maneras como nos relacionemos con ella y el lugar que le concedamos en nuestros contextos sociales.

61. El diálogo interdisciplinario con las ciencias de la educación, la psicología, la antropología, la política, la teología y otras más, se vuelve urgente en este camino de aprendizaje. Necesitamos revisar, entre otros asuntos, nuestras maneras tradicionales de comprender a la niñez, así como nuestras visiones de la infancia, los discursos teológicos que hemos empleado y las formas de relacionarnos con los niños y las niñas.

62. Jesús, por ejemplo, tenía una comprensión de la niñez que nos ayuda a entender cómo la respetaba, valoraba y le concedía su lugar en la sociedad y en el Reino (Lucas 10:21). La exhibió como modelo para que sus discípulos adultos siguieran su ejemplo (Mateo 18:1-2; 19:13-14), la sirvió de la misma manera que lo hacía con quienes lo seguían, y así mostró que también los niños y las niñas eran sus discípulos, sin diferenciarlos de manera alguna con el resto (Marcos 10:15-16).

Una iglesia intergeneracional e inclusiva

63. Las iglesias, por lo general, las integran personas jóvenes y adultas. Aun cuando esa es su composición, la mentalidad que rige nuestra cultura eclesial, así como la cultura en general, es adultocéntrica, es decir, que nos relacionamos, vemos la sociedad y vivimos la espiritualidad a «la manera de los adultos».

64. Esa lógica adultocentrista se traduce en prácticas eclesiales que presentan a la persona adulta como el modelo de lo acabado y completo, y a los niños y las niñas como personas que están en espera de «llegar a ser grandes». Así, el mundo adulto se entiende como superior al de la niñez, y, por eso, se desarrollan relaciones asimétricas de poder entre las personas adultas, consideradas superiores, y la niñez, considerada inferior. Este adultocentrismo caracteriza a nuestra cultura y determina muchos de nuestros modelos de la vida familiar, de la organización social y de la espiritualidad cristiana.

65. Quizá lo anterior nos ayude a comprender por qué la voz de los niños y las niñas no se escucha de la misma forma como se percibe la autoridad de las personas adultas. En muchos de los casos, ni siquiera se alcanza a escuchar. ¡Cuán diferente es nuestro comportamiento al de Dios! Jesús desveló el rostro inclusivo de Dios con los niños y las niñas, validó su presencia, escuchó su palabra y los designó –ya lo hemos dicho antes– como señales de su Reino (Mateo 19:14).

66. El reto no es menor: las iglesias deben escuchar la voz de los niños y las niñas, y deben cederles espacio para que ejerzan su papel de protagonistas, sujetos de acción y de derecho, como una práctica eclesial y social que los empodere, los incluya y busque su plenitud de vida. El reto es que nuestras iglesias sean inclusivas, que tengan en cuenta el valor de la niñez y validen su centralidad en la iglesia y en la sociedad en general.

Una iglesia tierna y promotora de justicia

67. Las cifras de violencia contra los niños y las niñas son alarmantes. Ante esa realidad lacerante, las iglesias deben jugar el papel de defensoras de la niñez. De manera que, al mismo tiempo que luchan por su derecho a que sea protegida, actúen de modo que den testimonio de que le proveen protección y seguridad; y promueven la justicia a su favor. La protección que buscamos allá (fuera de las iglesias) la volvemos realidad acá (dentro de las iglesias; igual podemos decir de la seguridad, la ternura, la justica y el bienestar pleno). Las iglesias pueden ser lugares seguros, de protección amorosa y de cuidado tierno para los niños y las niñas, según el modelo que nos legó nuestro Amigo Jesús.

68. En este sentido, las iglesias deben reflexionar sobre la relación entre diversas prácticas del castigo físico a los niños y las niñas –legitimadas desde lecturas reduccionistas del texto bíblico– y la promoción de contextos de abuso y violencia. Es una responsabilidad de las comunidades de fe asumir la disciplina positiva y promover el abandono de las prácticas de castigo en cualquiera de sus formas. Aquí, resulta importante resaltar que establecer límites es necesario y es un derecho de los niños y las niñas, lo que implica instruir y guiar a los padres y madres para que aprendan cómo ayudar a sus hijos a que formen sus propias opiniones, su capacidad de autocontrol, su autoestima y su autonomía, así como comportamientos sociales adecuados en la cultura en que viven. De ese modo, la disciplina positiva, con base en el respeto a la niñez, propicia el desarrollo de sus potencialidades.

69. El buen trato debería ser la característica distintiva del ministerio de las iglesias a la niñez: espacios seguros donde participen con libertad, donde aprendan acerca de Dios y experimenten su amor en un ambiente de respeto y valoración, donde se les reconozcan sus derechos, donde se considere su valor y donde se tomen en cuenta sus aportes como don de Dios para la trasformación de todos.

Iglesia formadora y protectora

70. Parte de la misión de la iglesia es formar en la fe a los discípulos de Jesucristo. Pero esa formación no se limita a transmitir enseñanzas doctrinales comúnmente resumidas en los credos confesionales o en las declaraciones de fe, sino que abarca, entre otros, la educación para la vida diaria, para la responsabilidad ciudadana y para vivir según los valores del reino de Dios. Es una educación orientada a la formación de ciudadanos y ciudadanas del reino de Dios que viven su fe con solidaridad y que reclaman con dignidad sus derechos. **71.** La formación es una tarea de toda la vida, que comienza en el círculo más cercano que, en la mayoría de casos, es la familia. Y la iglesia cumple con las familias –y con las demás personas cuidadoras de los niños y las niñas– un papel formativo primordial, para que cada hogar sea un espacio saludable, sanador, formativo y justo, de cuidado y aprendizaje[9].

---

[9] Las comunidades de fe y las organizaciones que desarrollan programas, servicios o tienen contacto directo con personas menores de dieciocho años, harían bien en adoptar una política por escrito que les provee protección permanente. Esto se conoce generalmente como *política de protección de niños, niñas y adolescentes*. Esta política debe ayudar a crear un ambiente seguro y positivo, y demostrar que la iglesia u organización asume con seriedad su responsabilidad de cuidarlos. No se debe desconocer que, lamentablemente, en medio de tantas personas genuinamente interesadas por los niños y niñas, también se infiltran personas sin escrúpulos y con malas intenciones (abusadores sexuales o traficantes de niños, niñas y adolescentes); es por esta razón que se deben tomar medidas contundentes para reducir la posibilidad de que estas personas se infiltren. *WorldVision* ha publicado un cuadernillo informativo al respecto, titulado: *Iglesias y organizaciones de fe seguras para la niñez y adolescencia*, el cual puede descargar aquí: http://www.wvi.org/es/IglesiasSeguras

CPSIA information can be obtained at www.ICGtesting.com
Printed in the USA
LVOW10s0549150316

479151LV00013B/43/P